北大版对外汉语教材·阅读教程系列

汉语天天读
（高级篇）
Read Chinese Everyday IV

毛 悦 主编
李 芳 胡盈盈 编著

北京大学出版社
PEKING UNIVERSITY PRESS

图书在版编目(CIP)数据

汉语天天读.高级篇 / 毛悦主编. — 北京：北京大学出版社，2012.11
(北大版对外汉语教材·阅读教程系列)
ISBN 978-7-301-21349-0

Ⅰ.汉…　Ⅱ.毛…　Ⅲ.汉语－阅读教学－对外汉语教学－教材　Ⅳ.H195.4

中国版本图书馆CIP数据核字(2012)第236491号

书　　　　名：	汉语天天读(高级篇)
著作责任者：	毛　悦　主编　李　芳　胡盈盈　编著
责 任 编 辑：	沈　岚
标 准 书 号：	ISBN 978-7-301-21349-0/H·3154
出 版 发 行：	北京大学出版社
地　　　　址：	北京市海淀区成府路205号　100871
网　　　　址：	http://www.pup.cn
电　　　　话：	邮购部 62752015　发行部 62750672　编辑部 62767349　出版部 62754962
电 子 邮 箱：	zpup@pup.pku.edu.cn
印 　刷 　者：	北京大学印刷厂
经 　销 　者：	新华书店
	787毫米×1092毫米　16开本　15印张　350千字
	2012年11月第1版　2012年11月第1次印刷
定　　　　价：	50.00元(含1张MP3)

未经许可，不得以任何方式复制或抄袭本书之部分或全部内容。
版权所有，侵权必究　举报电话：010-62752024
　　　　　　　　　　　电子邮箱：fd@pup.pku.edu.cn

前言

目前面向外国学生的汉语阅读教材大多为满足分技能设课的教学机构阅读课使用的精读教材。而学习者阅读能力的提高只靠课上精读几篇课文是远远不够的。很多教师和学习者都认识到大量的泛读,特别是课外阅读一些汉语读物,对于提高汉语阅读能力非常必要。如何让外国学习者在轻松的状态下阅读一些汉语读物,如何让他们既提高汉语水平又了解中国文化,帮助他们养成坚持用汉语阅读的习惯,就是《汉语天天读》的编写初衷。

优秀的阅读教材既能拓宽和加深外国留学生对中国文化和当代社会的认识和了解,也能使他们所掌握的汉语语言知识得到梳理,从而对汉语有更加系统的认识。优秀的阅读教材将帮助留学生学好汉语,了解中国。

《汉语天天读》系列教材体现了以学生为中心的思想,着重培养学习者的汉语阅读习惯,提高学习者的快速阅读能力。本套教材以周为单位,以话题为主线,每周按照周一到周五的时间顺序,每天选取一篇文章,五篇文章形成一个小坡度,紧紧围绕话题。除了课文、生词、重要语言点和练习之外,我们还设计了周末总盘点,对该周所学内容加以概括、总结,重现重要内容,使学习者扎实掌握重要语言点。

选篇注重课文内容的现实性,提高学生的学习积极性,使外国留学生在学习汉语的同时,加深对中国社会和中国文化的了解与认识。教材的使用对象是学生,选择课文的内容主要从学生的角度来考虑,课文反映当代中国的日常生活、思维方式和思想状况等。教材不仅注意课文体裁的选择,也重视各种练习的设计。通过精心的构思,使教材成为留学生学习汉语和了解中国的"导游图"。在课文体裁方面,有记叙文、说明文、议论文等。

《汉语天天读》系列教材共四册,包括初级篇、准中级篇、中级篇、高级篇,面向海内外汉语作为第二语言学习的学习者,既可以作为阅读课专用教材,也可以作为课外阅读辅助教材,还可以作为自学教材。

初级篇:适合具有初步阅读能力,掌握汉语简单句型和500个左右词汇的

学习者。共12周。涉及日常生活、学习等内容。主要目的是让学生了解当代中国人的日常生活。

准中级篇：适合具有基本的阅读能力，掌握汉语主要复句、特殊句式及1000个左右词汇的学习者。共12周。涉及生活、学习、交通、工作、旅游等一般性交际项目。

中级篇：适合具有一般的阅读能力，掌握1500个以上汉语词汇以及汉语基础语法的学习者。共12周。涉及家庭、习俗、社会文化等方面，包括较复杂的婚姻、教育、法律、农业、工业等问题。

高级篇：适合具有较好的阅读能力，掌握2500个以上汉语词汇，能够阅读较复杂句式的学习者。共12周。涉及社会文化、文学艺术、政治经济等较复杂的内容，如中国的建筑、艺术、科学发展等。

《汉语天天读》系列教材的体例如下：

1. **课文**：以交际话题为纲，每周一个话题，围绕主话题选取课文。编教材的前期我们对即将使用该教材的学习者进行了需求分析，选取了不同学习水平的学习者感兴趣的话题，围绕话题选编课文。文章主要选自报纸、杂志、网络等，篇幅短小、生动有趣，突出反映当代中国的社会文化情况。课文按照出现的生词量和语言点难度分级标注，星数越高，难度越大。同时根据文章长短和难度注明建议阅读时间，供学习者自己阅读时参考。

2. **小贴士**：每篇课文后都有三五句话介绍与该课相关的文化知识，帮助学习课文。通过小贴士，学习者能更好地了解当代中国。

3. **生词**：每篇课文后我们列出了该课的重点词汇，并且配有汉语拼音和英文释义，帮助学习者通过阅读学习新词，扩大词汇量。

4. **重要语言点**：本着淡化语法，少用概念和术语，多提供情景、例句、阐明用法的思想，语言现象的注释简明扼要。注重用法及使用条件的说明，列出部分例句。

5. **练习**：每篇课文后均有练习。练习设计有层次，练习形式多种多样，每个练习都很短，各项练习之间具有一定的内在联系，很多练习以活泼的游戏形式出现。

6. **周末总盘点**：每单元(周)结束时，有周末总盘点部分，包括以下几个部分：

（1）词汇盘点：周末词汇盘点中，我们列出了与该周话题紧密相关的重点词及其主要搭配，旨在帮助学习者更好地掌握词汇。

（2）玩转周末：我们的练习形式多种多样，如填空、选择、完成句子、替换练习。主要目的是让学生在读完文章后，头脑中留有一些重要的格式与范句，并能达到熟练运用的程度。

（3）轻松一刻：每个单元后的小笑话都与该单元的话题有关，寓教于乐。

（4）在哪儿见过：每单元为学习者提供与该单元话题相关的真实照片，照片上一般带有汉字，让学习者通过看照片学习真实的标牌用语，也通过照片了解当代中国。

本教材可用于汉语作为第二语言课堂教学，教师可根据学生水平选取每单元(周)中的重要文章作为精读，其余部分作为泛读；也可直接作为泛读教材，以作业的形式要求学生课下按要求阅读，从而提高阅读速度、扩大词汇量；还可作为自学教材，自己按教材的时间计划阅读，相信也会在短期内收到很好的效果。

Preface

Read Chinese Everyday is a series of textbooks with an emphasis on improving students' reading skill. This set of books is topic-based, one unit per week. From Monday to Friday, we select five articles for a week with increasing difficulty, including the texts, new vocabulary and important language points related to the topics. We also designed a unit review to summarize and reinforce students' understanding.

In order to enhance students' learning initiative, texts were selected from daily life, contemporary China and the Chinese way of thinking. This not only helps foreign students to study the language, but also learn more about Chinese society and culture. The compilation and design of the books are with diverse texts such as narrative, and argumentative writing. We not only pay attention to the genre of the texts but also the design of the exercises.

Read Chinese Everyday series consist of four volumes, including elementary, sub-intermediate, intermediate and advanced articles, which are for students learning Chinese as a second language in China or abroad, and for use as an extensive reading class, supplementary, or self-study materials.

Elementary

Designed for students with elementary reading ability. The objective is to master simple sentences and learn 500 Chinese characters within 12 weeks. It involves daily life, social and other communication activities. The main purpose is to enable students to understand people's daily life in contemporary China.

Sub-Intermediate

Designed for students with basic reading skills. The objective is to master Chinese, complex sentences, special sentences, and learn 1000 Chinese characters within 12 weeks. It involves life, study, transportation, work, travelling and other communication activities.

Intermediate

Designed for students with general reading skills. The objective is to master more than

1,500 Chinese characters and have a good knowledge of Chinese grammar within 12 weeks. It involves family, customs, social and cultural aspects and so on, such as marital problems, education, legal issues, agriculture, industry, etc.

Advanced

Designed for students with good reading skills. The objective is to master more than 2,500 Chinese characters, and allow students to use complex sentence patterns and read abstract texts within 12 weeks. It involves social culture, art, literature, politics, economics and so on, such as Chinese architectural, ethnic, artistic and scientific development.

In each volume of the *Read Chinese Everyday* series:

1. Texts: The texts are topic-centered and provide students with communication. We conducted a "needs analysis" of the learners who will use these books and we selected texts according to their interests. In short, lively and interesting articles are taken mainly from the latest newspapers, magazines and network. The social and cultural context in contemporary China is highlighted. The difficulty of each passage is rated by the amount of new words and the complexity of language points—the more stars the more difficult. Reading time is suggested, based on the length and difficulty of the article.

2. Tips: At the end of each text, there are several sentences describing some text-related cultural knowledge to help the learners understand the text.

3. New words: We list the main words at the end of each article with *pinyin* and the English definition. This allows learners to expand their vocabulary.

4. Important language points: The language points are clarified by clear and concise language, less concepts and terminology, more examples are provided. They are brief and readable, with English translation.

5. Exercises: There are exercises after each text, designed at different levels, including many interesting games.

6. Unit review: there is a unit review at the end of each unit (each week). It includes the following components:

(1) Vocabulary review: main vocabulary are listed, designed to help learners fully grasp the usage.

(2) Fun weekend: There are diverse exercises in each unit, such as guessing riddles, brainteasers, interesting character games and so on. The main purpose is to enable students to enjoy learning Chinese.

(3) Easy time: The jokes are related to the unit topic, help students understand some Chinese customs and culture in a relaxed way.

(4) Where have you ever seen: It provides learners with real photos with characters related to the unit topic. Through the photographs, students not only learn the language, but also understand modern society in China.

This material can be used for teaching Chinese as a second language. According to the students, teachers can select articles as intensive reading in each unit (week), and the rest as extensive reading. The texts can also be directly used as extensive reading materials, requiring students to read them within a certain time for improving their reading speed, expand vocabulary, and further understand China. It can also be used as self-learning materials. If the students can read Chinese everyday, their Chinese can surely be improved.

目 录

第一周	中国的户籍制度	1
第二周	城市下的"蛋"	19
第三周	关注教育不公平现象	37
第四周	手机也可循环利用	51
第五周	北京古玩城	68
第六周	哪种投保方式适合你？	85
第七周	中国人开始接受婚前财产公证	104
第八周	睡在板凳上的大科学家	121
第九周	中国历史上的第一个皇帝	138
第十周	你不知道的针与灸	156
第十一周	胡锦涛参观美国中西部中国企业展	174
第十二周	东莞的未来	190
附录一	生词表	207
附录二	语言点	228

第一周
中国的户籍制度

难度：★★　　建议时间：2分钟　　字数：436

中国跑步进入老龄化社会

通常，65岁以上的人口比率超过总人口的7%，就称为"老龄化社会"，而超过了14%就称为"老龄社会"。中国在2005年达到了7.6%。实际上中国在2001年就已开始进入了老龄化社会。从老龄化社会进入老龄社会，法国用了115年，英国用了47年，德国经过了40年，而日本只用了24年，速度之快非常惊人。根据联合国的人口统计数据，中国将在2024年至2026年前后进入老龄社会，速度与日本大体相同。

西方发达国家是国先富，人后老，人均国民生产总值达到30000美元时才步入老龄化社会；中国是国未富，人先老，中国的人均国民生产总值才4000美元。有材料预测，到2015年，中国60岁以上的老人将达到2.5亿；到2030年，60岁以上的老人将达到4亿。社会提前老龄化，带来的挑战是使中国养老成本突增，家庭的养老成本压力更大。

如今，我国第一代独生子女的父母已经开始步入老年。与自己多儿多女的父母不同，唯一的子女将承担赡养他们的重任。未来，越来越多的家庭将出现4个老年人、1对夫妇和1个孩子的"四二一"结构。"养儿防老"这一乡土中国的伦理基石，已在时代变迁中悄然发生着变化。

（改编自《国际财经时报》）

养儿防老的意思是养育孩子是为了防备年老的时候有人照顾。这种观念在农村非常普遍，随着经济的发展以及家庭结构的变化，养儿防老的观念将会越来越淡化。

生词 New words

1. 比率	(名)	bǐlǜ	ratio; rate
2. 老龄化	(名)	lǎolínghuà	aging
3. 挑战	(动)	tiǎozhàn	to give a challenge
4. 承担	(动)	chéngdān	to take (the responsibility, task)
5. 赡养	(动)	shànyǎng	to support; to provide for; to maintain
6. 伦理	(名)	lúnlǐ	ethic; moral; morality
7. 基石	(名)	jīshí	foundation stone; cornerstone
8. 变迁	(动)	biànqiān	change; transition
9. 悄然	(形)	qiǎorán	quietly; softly

学一学 Grammar

1. 通常

常用搭配,表示一般情况下。

(1) 老年人通常比年轻人保守。

(2) 我通常星期天购物。

(3) 这个超市通常是晚上九点半关门。

2. 与……大体相同

常用搭配,表示与……整体上相同。

(1) 我的意见与他的大体相同。

(2) 今年进口小麦的数量与去年大体相同。

(3) 我们保证货物的品质与样品大体相同。

练一练 Exercises

1. 仿照例子,做词语接龙游戏

According to the examples, play word by word games

例如:邀请——请假——假期——期末——末尾

(1) 挑战

(2) 赡养

2. 根据课文内容,回答问题

Answer these questions according to the text

(1) 未来中国的家庭会出现什么样的结构?

(2) 中国和西方国家进入老龄化社会有什么不同？
(3) 社会提前老龄化给中国带来什么样的挑战？

难度：★★★　　建议时间：3.5分钟　　字数：458

中国出现第三波移民潮

过去十年，越来越多的精英、富商，通过留学、技术移民或投资移民等方式移居海外，形成了"第三波移民潮"。与上世纪70年代、90年代初的两波移民潮相比，"第三波移民潮"不仅在移民数量上出现了较大的递增，而且移民主体由知识分子或技术工人转为富人。中国已成为世界上最大的移民输出国。中国海外侨胞的数量已超过4500万，绝对数量稳居世界第一。

大多数新移民给出的移民理由包括：持他国护照的便利性、更为完善的社会保障、相对公平的法律制度、宽松自由的生活工作环境等；也有不少人选择移民更多的是为了要个孩子，而国内的空气质量和食品安全都让人担忧，更别提教育水平了。

加拿大和澳大利亚是华人富豪首选的两大移民目的地，原因是这两个国家的移民政策较为宽松，且当地已经有比较成熟的华人社区，移民后容易融入华人社区的生活。在加拿大，多伦多和魁北克是华人富豪移民的首选地。而在澳大利亚，华人富豪的首选地是悉尼与墨尔本。此外，除传统的澳大利业、美国、加拿大等三大主流移民目的国之外，近年来，不少南美、欧洲、东南亚等较小的国家也成为中国内地移民的"新宠"目的地。

（改编自《中国青年报》）

中国改革后的三波移民潮："第一波"出现在上世纪70年代，福建、广东一带的移民，出国劳务，为了一份更高的薪酬；"第二波"出现在上世纪90年代初，是获得海外长期居留权的华人，将大批亲属带到居留国。

生词 New words

1. 投资　　（名）　　tóuzī　　　　investment
2. 递增　　（动）　　dìzēng　　　 to increase progressively
3. 输出　　（动）　　shūchū　　　to export; to output
4. 侨胞　　（名）　　qiáobāo　　 overseas Chinese
5. 便利性　　　　　　biànlì xìng　convenience
6. 宽松　　（形）　　kuānsōng　　loose
7. 担忧　　（动）　　dānyōu　　　to worry; to be anxious
8. 新宠　　（名）　　xīnchǒng　　new favorite

专有名词 Proper names

1. 多伦多　　Duōlúnduō　　Toronto
2. 魁北克　　Kuíběikè　　　Quebec
3. 悉尼　　　Xīní　　　　　 Sydney
4. 墨尔本　　Mò'ěrběn　　 Melbourne

学一学 Grammar

1. 通过……方式

常用搭配。

(1) 这个学校通过各种各样的教学方式来加强孩子音乐素养的培养。

(2) 现代社会我们可以通过网络、报纸等方式来了解社会。

(3) 从现在开始，无论是单位或者个人，只要是愿意响应本报的地球一小时活动，就请通过本报电话和网络等方式参与其中。

2. 由……转为

常用搭配，表示一种变化。

(1) 他的政治观点逐步由自由转为保守。

(2) 晚上，强劲的冷风由东南风转为西北风。

(3) 近年来，香港在内地的直接投资已由工业加工转为更广泛的商业经营。

练一练 Exercises

1. 根据课文内容,选择正确答案
   Choose the correct answer according to the text

(1) 下面哪一个不是"第三波移民潮"移民的方式?
   A. 留学   B. 劳务输出
   C. 投资移民   D. 技术移民

(2) 下面哪一个不是大多数新移民给出的移民理由?
   A. 完善的社会保障   B. 宽松自由的生活工作环境
   C. 食品安全都让人担忧 D. 公平的法律制度

(3) 下面哪一个不是中国内地移民的"新宠"目的地?
   A. 南美   B. 欧洲   C. 东南亚   D. 美国

(4) 下面哪一个是"第三波移民潮"的特点?
   A. 移民数量上出现了较大的递增   B. 移民主体是技术工人
   C. 移民主体是知识分子   D. 移民数量上出现了较大的递减

2. 选择并完成句子
   Choose and complete the following sentences

(1) 加拿大和澳大利亚是华人富豪首选的两大移民目的地,_____是这两个国家的移民政策较为宽松,_____当地已经有比较成熟的华人社区。
   A. 由于;而且   B. 原因;且

(2) "第三波移民潮"_____在移民数量上出现了较大的递增,_____移民主体由知识分子或技术工人,转为富人。
   A. 不仅;而且   B. 虽然;但是

难度:★★★   建议时间:4.5分钟   字数:653

户口是大学生求职的拦路虎

临近毕业,"户口"是北京的大学校园中使用频率很高的一个词。因为户口的原因迟迟找不到合适工作的应届大学毕业生并不在少数。

在2012年的中央国家机关公务员招考中,许多部委和用人单位都在用人需求条件中明确提出"限北京生源"。这一限制性条件把许多非北京户口的优秀大学生拒之门外,除了感慨公务员招考条件不公平之外,大学生只能无可奈何,毕竟出生在哪里不是自己能够决定的。

类似的现象在大学生求职过程中比比皆是。

在各种招聘会、报纸的招聘广告中，用人单位常常注明不要非北京户口的大学毕业生，或是声明不给解决户口。这就大大缩小了家在外地的大学生择业的范围。而对于户口在外地的女大学生，不仅要面对户籍歧视，还要面对性别歧视，找工作更是难上加难。有许多同学在遭遇户口歧视后，干脆决定放弃北京的良好环境，回家就业了。至少在家乡，他们能受到较为公正的待遇。

当学生询问用人单位为什么只要北京生源时，得到的理由似乎很充分：北京生源家在北京，信誉有保障；招北京学生，不用管他们的住房问题。还有的单位竟然觉得凡是北京生源都比外地生源素质高，所以只要北京生源。

就这样，北京户口成了紧缺资源。有的人瞅准了这一"商机"，竟然做起了"户口"生意。有些高新技术公司因为有较多解决北京户口的指标，在招聘完自己需要的员工后，竟做起了倒手买卖，他们把多余的指标以高价卖给大学毕业生，从中牟取暴利。作为一名大学生，通过自己以及同学的经历深深感受到中国现行户籍制度的种种不便。可以说，"户口"已经成了外地大学生的心头之痛。户口所具有的地方保护主义色彩令人深恶痛绝。

（改编自搜狐网）

户口本里面有扉页、索引页、内页；扉页记载本户的户主、家庭住址、户口性质；索引页记载全户成员的基本信息；内页分别记载个人的情况（姓名、与户主关系、性别、民族、出生日期、文化程度、身高、血型、服兵役情况、服务处所、变动情况）。

生词 New words

1. 感慨	（动）	gǎnkǎi		to sigh with emotion
2. 无可奈何		wúkěnàihé		feel helpless
3. 注明	（动）	zhùmíng		to give clear indication of
4. 信誉	（名）	xìnyù		prestige; reputation
5. 瞅准	（动）	chǒuzhǔn		be certain (about sth)

6. 商机	（名）	shāngjī	business opportunities
7. 指标	（名）	zhǐbiāo	indicator; quota
8. 倒手	（动）	dǎoshǒu	round transaction
9. 牟取	（动）	móuqǔ	try to gain; seek (illegally)
10. 暴利	（名）	bàolì	excessive profit

学一学 Grammar

1. 拒之门外

把人挡在门外,不让其进入,形容拒绝协商或共事。在这里的意思是没有资格参加考试。

(1) 你如果去拜访她,她不会把你拒之门外的。

(2) 体育场已爆满,不得不把数千名球迷拒之门外。

(3) 英国往往变动移民法规,欢迎那种技术高度熟练的"人才外流"的移民,而将大多数非技术熟练的移民拒之门外。

2. 比比皆是

到处都是,形容极其常见。

(1) 清晨,在公园里跑步、打太极及羽毛球的人比比皆是。

(2) 过去,中国家庭的人口众多。一对夫妇供养5个或更多孩子的情况比比皆是。

(3) 上海吸引了全球资本和人才,现在的上海,不会讲上海话的"上海人"比比皆是。

1. 选词填空

Choose the correct words

  牟取 信誉 注明 无可奈何 倒手

(1) 这个公司的商业_____毋庸置疑。

(2) 他认为这是不讲道理、不近人情的虐待,他感到惊讶、困惑、愤怒,但又_____。

(3) 有些高新技术公司因为有较多解决北京户口的指标,在招聘够自己需要的员工后,竟做起了_____买卖。

(4) 据估计,这类活动_____的暴利每年可达几十亿美元。

(5) 由于产品体积或功能的限制不能在产品上标注的,应当在产品说明书中_____。

2. 根据课文内容,选择正确答案

Choose the correct answer according to the text

(1) 下面哪一个不是用人单位只要北京生源的理由?
    A. 信誉有保障   B. 不用管他们的住房问题
    C. 男生   D. 北京生源都比外地生源素质高

(2) 下面哪一个不是他们放弃北京的良好环境,回家就业的原因?
    A. 遭遇户籍歧视   B. 面对性别歧视
    C. 没有北京户口   D. 毕业的学校不好

(3) 非北京生源的毕业生会遇到什么?
    A. 没有资格参加国家公务员和北京市公务员的考试
    B. 因为没有户口,在北京找工作的范围被缩小
    C. 有些女生还要面对性别歧视
    D. 以上都会遇到

难度:★★★   建议时间:3.5分钟   字数:569

户籍制度有望进一步松动

上海将<u>出台</u>户籍新政,综合素质和知识能力达到一定标准的外来人口,有望获得上海户口。广州市也将取消农业户口,将公民户口统一登记为"居民户口"。专家指出,两个人口超千万的中国大城市相继宣布户籍制度改革措施,预示着中国户籍制度在新的一年里有望进一步松动。

据了解,有望获得上海户籍的将包括两类群体:一是具备较好的综合素质或者知识能力的群体;二是外来人才和满足一定条件的持居住证者。

自1978年改革开放以来,上海市的户籍制度曾出现过三次松动,这次将是第四次户籍松动。此次户籍制度改革的重点是吸引人才,然而这不单是<u>搭建</u>一个从居住证向上海户口<u>过渡</u>的平台。或许为众多持有上海居住证的有识人士及外地人才打开入沪之门。

中国现行的户籍制度建立于1958年,它不仅对人口进行地域上的<u>划分</u>,还将户口区分为农业和非农业两种。背景是当时中国国民经济基础薄弱,国家需要将农民尽量留在土地上生产,支援工业。随着中国市场经济的发展,人口流动性大大提高,这项制度的<u>弊端愈加明显</u>:外来人口无法享受与当地居民同等的待遇,农民难以融入城市。

因此，对现行户籍制度进行改革已是大势所趋。近年来，中国的河北、辽宁等13个省(区、市)已经相继出台了以取消农业和非农业户口划分、统一城乡户口登记制度为主要内容的改革措施。但是在人口超过千万的大型城市，改革的进程还比较缓慢，这也是上海和广州的户籍新政引人关注的原因。

（改编自新浪网）

小贴士

中国有23个省、5个自治区、4个直辖市和2个特别行政区，一共34个省级行政区。每个省级行政区都有自己的简称，比如上海简称沪。

生词 New words

1. 出台	（动）	chūtái	to unveil (fresh policy)
2. 松动	（动）	sōngdòng	to become flexible; loosen
3. 搭建	（动）	dājiàn	to set up
4. 过渡	（名）	guòdù	transition
5. 平台	（名）	píngtái	platform
6. 支援	（动）	zhīyuán	to support; to assist; to help
7. 弊端	（名）	bìduān	disadvantage; drawback
8. 大势所趋		dàshì suǒ qū	represent [be] the general trend
9. 取消	（动）	qǔxiāo	to cancel

 Grammar

1. 相继

表示一个跟着一个，连续不断。

(1) 北海是一个御花园，相继被元明清三个王朝使用过。
(2) 由于缺雨水，花园里的玫瑰一朵朵地相继凋零。
(3) 我们高兴地看到，目前东南亚国家经济已相继走出金融危机的阴影，重新步入发展轨道。

2. 不单

表示不止,不仅仅的意思。

(1) 爱滋病不单是一个健康问题,也是一个社会问题。

(2) 健康不单是没有疾病,是身体、精神、社交的康泰。

(3) 大学生的借款不单是用于支付学费,还包括在校时的生活费用。

3. 愈加

程度上更近一步,表示更加的意思。

(1) 我对他那种自私的行为愈加恼火起来。

(2) 随着国际文化交流的拓展,人们的欣赏习惯愈加多样化。

(3) 在动荡的政治环境下,泰国的经济复苏愈加引人注目。

 练一练 Exercises

1. 连线,组成短语

Match and form a phrase

（一）		（二）	
出台	标准	划分	薄弱
达到	平台	基础	区域
搭建	新政	享受	待遇

2. 选择并完成句子

Choose and complete the following sentences

(1) 欣赏一场精彩的辩论会,不单是一种听觉上的享受,_____也有助于提高本身的知识水平和分析能力。

　　A. 但是　　　　　　B. 而且

(2) 中国现行的户籍制度建立于1958年,它_____对人口进行地域上的划分,_____将户口区分为农业和非农业两种。

　　A. 不仅;还　　　　B. 不单;但是

(3) 改进主要体现在两个方面:_____,使用了计算机技术;_____,读者更容易查阅词典所含的信息。

　　A. 其一;其二　　　B. 与其;不如

难度：★★★★　　建议时间：4分钟　　字数：661

中国的户籍制度

成千上万的在北京、上海、广州、深圳等大城市的外地籍贯的年轻人都想问："落户怎么就这么难呢？"其实，答案很简单：在这四个城市，户籍已不再是简单的人口登记载体，它还与社保、住房、就业、教育等福利紧密挂钩。

社保上，上海有无户籍相差八倍多。2009年上海市规定，持有居住证满七年者可以申请上海户籍。外来从业人员每月的社会保险费是上海职工月平均工资的7%，而上海市职工每月的社会保险费占其个人工资收入的63%。另外，不少单位还给职工发放补充医疗保险和补充住房公积金，一些职工每月的社会保险费可能达到其个人工资收入的70%。

住房上，四地申请保障房都需本地户籍。申请上海经济适用房的第一项条件就是：家庭成员具有本市常住城镇户口七年以上，并且在申请区（县）五年以上。在保障房方面，北京、深圳、广州的情况与上海类似，只有本地户籍才可以申请。在深圳，只有深圳户籍才有资格缴纳住房公积金，而且在深圳申请经济适用房的条件也比较严格，必须夫妻双方都是深圳户口。

就业上，北京的中小学只招北京户籍的人。在北京，外来人和本地人在市场选择面前不在同一起跑线上。北京市各级党政机关、事业单位、社会团体优先招聘具有北京户籍的人，市属国企在同等条件下，也优先招聘本市人员。在上海，几乎所有的中小学只招有上海户籍的人。在深圳，大学生申请落户并不是太难，可以入集体户口，但农民工难度较大。

教育上，本地户籍入学优先。持上海户口者，可按照上海市各区县教育局的规定让子女实现就近入学；有居住证者，子女可以进入上海市中小学，但通常有所限制；至于没有居住证的外地务工者的小孩，遇到的问题则更多。

（改编自《第一财经日报》）

在中国，社会保险费一般包括"五险"，"五险"包括养老保险、失业保险、医疗保险、工伤保险和生育保险。

生词 New words

1.	籍贯	（名）	jíguàn	native place
2.	落户		luò hù	to settle
3.	户籍	（名）	hùjí	household register
4.	登记	（动）	dēngjì	to register; to enter one's name
5.	载体	（名）	zàitǐ	carrier
6.	社保	（名）	shèbǎo	social security
7.	挂钩		guà gōu	to link up with; to establish contact with
8.	申请	（动）	shēnqǐng	to apply for
9.	缴纳	（动）	jiǎonà	to pay

补充词语 Added words

1.	住房公积金	zhùfáng gōngjījīn	housing accumulation fund
2.	经济适用房	jīngjì shìyòng fáng	residence houses for low-and-medium wage earners
3.	保障房	bǎozhàng fáng	security houses
4.	党政机关	dǎngzhèng jīguān	the Party and government institutions
5.	事业单位	shìyè dānwèi	the public institutions
6.	社会团体	shèhuì tuántǐ	social organization

专有名词 Proper names

教育局	Jiàoyù jú	the Bureau of Education

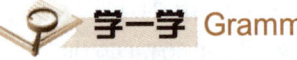 学一学 Grammar

1. 与……挂钩

常用搭配，表示与……有联系。

（1）在不少国家，工资是与物价挂钩的。

（2）中国将汇率与一小部分外币挂钩，包括美元和欧元。

（3）销售部投入到广告和促销中的每一分钱，都与销售额挂钩。

2. (站)在同一起跑线上

表示竞争很公平，处于同一个起跑线上。

（1）在竞争面前，这两家公司在同一起跑线上。

（2）虽然外国汽车制造商在传统技术中处于领先地位，但在新能源方面我们却和他

（3）乔科尔上半场的进球为英格兰队首开纪录，不过随后奥尔巴克的进球又让双方回到了同一起跑线上。

练一练 Exercises

根据课文内容，判断正误（正确的画√，错误的画×）
Decide whether the following statements are true(√) or false(×) according to the text

（1）在北京、上海、广州、深圳等大城市落户很难，是因为它还与社保、住房、就业、教育等福利紧密挂钩。
（2）申请上海经济适用房的只有一个条件：家庭成员具有本市常住城镇户口七年以上。
（3）在深圳，除了深圳户籍，其他人也能缴纳住房公积金。
（4）2009年上海市规定，持有居住证满五年者可以申请上海户籍。
（5）在深圳申请经济适用房的条件比较严格，夫妻双方必须都是深圳户口。
（6）北京市各级党政机关、事业单位、市属国企和社会团体都优先招聘具有北京户籍的人。
（7）在上海，大学生申请落户并不是太难，可以入集体户口，但农民工难度较大。
（8）上海市职工每月的社会保险费占其个人工资收入的70%。

周末总盘点

词汇盘点 Key words extended

承担	衡量	破坏	申请
承担责任	衡量得失	破坏名誉	申请奖学金
承担费用	衡量标准	破坏秩序	申请学校
承担义务	衡量一下	破坏情绪	求职申请书
	以……的观念衡量	破坏文物	提出申请

 **Fun weekend**

什么途径可以获得北京户口？

1. 公务员，北京市公务员或者中央在京的公务员。
2. "大学生村官"。参加北京市组织的"大学生村官"考试。服役满三年，可以解决北京户口。三年后可以参加公务员考试，很多定向岗位面向具有两年以上工作经验的"大学生村官"招录，通过率极高。
3. "大学生社区工作者"。这和"大学生村官"差不多，唯一不同的是当年解决户口，但也要服役满三年。

报户口

吝啬鬼走进派出所。他对值班警察说："先生，我想给孩子报户口，请问报一个……"

"说吧，孩子的名字。"

"他叫李光。请问，报一个户口交多少钱呢？"

"不用交钱。"

"谢谢！那还得再报一个李明，他们是双胞胎。"

（改编自中文幽默王网）

Apply for a Residence Permit

A miser went into the police station. He said to the on-duty policeman, "Sir, I want to give the child a resident permit, does the report a…"

"Well, child's name."

"His name is Li Hua. And how much does it cost for one person?"

"It's free."

"Thank you! Another Li Ming, they are twins."

 在哪儿见过? Where have you ever seen these pictures?

1. 这是一个报刊亭(bàokāntíng, news stand)。在北京的街头,你可以看到很多这样的亭子。在那里你可以买到报纸、杂志、矿泉水、饮料、手机充值卡(chōngzhíkǎ, top-up card)等等。

2. 这是一个可以免费领取试用品(shìyòngpǐn, trial product)和打印优惠券的机器。你只需办一张卡,就可以使用。北京、上海、杭州、天津等城市的大商场里面都有这样的机器。

3. 这是一个地铁便利店(biànlìdiàn, convenience store),在地铁出站口你可以看到。

4. 这是一个建在地铁旁边的巡逻(xúnluó, be on (police) patrol)警务站(jǐngwùzhàn, guard station)。在北京的很多地铁出口、繁华商业街都可以看到。

公安局	gōng'ān jú	Public Security Bureau
朝阳分局	Cháoyáng fēn jú	substation of Chaoyang
太阳宫	Tàiyáng Gōng	a place in Beijing
派出所	pàichūsuǒ	police station

5. 在中国的很多公园里，你会看到这样的提示(tíshì, note)。

置换	zhìhuàn	replacement
攀登	pāndēng	to climb
踩踏	cǎità	to trample; to step
轮滑	lúnhuá	roller skating
燃放	ránfàng	to set off (fireworks, etc.)
携带	xiédài	to carry
宠物	chǒngwù	pet
非机动车	fēi jīdòngchē	bicycles
标志	biāozhì	mark; sign

答案 Key to the exercises

星期一

1. (1) 挑战——战争——争论——论文——文化
   (2) 赡养——养生——生活——活动——动力

2. (1) 未来,越来越多的家庭将出现四个老年人、一对夫妇和一个孩子的"四二一"结构。
   (2) 西方发达国家是国先富,人后老;中国是国未富,人先老。
   (3) 带来的挑战是使中国养老成本突增,使家庭的养老成本压力更大。

星期二

1. (1) B　　(2) C　　(3) D　　(4) A
2. (1) B　　(2) A

星期三

1. (1) 信誉　(2) 无可奈何　(3) 倒手　(4) 牟取　(5) 注明
2. (1) C　　(2) D　　(3) D

星期四

1. （一）
出台 → 标准
达到 → 平台
搭建 → 新政

（二）
划分 → 区域
基础 → 薄弱
享受 → 待遇

2. (1) B　　(2) A　　(3) A

星期五

1. (1) √　(2) ×　(3) ×　(4) ×　(5) √　(6) √　(7) ×　(8) ×

玩转周末

3

第二周

城市下的"蛋"

难度：★★　　建议时间：3分钟　　字数：518

城市下的"蛋"

　　小王的公司位于海淀区成府路的一个大院里,在公司楼下,一座小屋像一颗巨大的鸡蛋,立在草坪上。小屋两米来高,麻袋拼成的外皮,看上去有些不起眼。"蛋壳"上掏出一个椭圆形的小门,没有锁,轻轻一掀就能钻进小屋。小屋的下边,装有轮子,可以挪动。

　　小屋由竹条编制而成,上面用一些钉子固定住竹条外,还有竹席、保温膜和防雨膜;最外边,是麻袋拼成的保温层,麻袋里填充着发酵木屑和草籽,到了春天,里面可以长出草来。蛋形小屋里摆设简单,一张约一米宽的床,床头放着几本书。床尾藏有一个水箱,里面有压力系统,可以把水压上来,供洗漱用。

　　年初,公司在一个展会上展示了一个设计项目,叫做"城市下的蛋",即可以移动的蛋形小屋。小王希望有自己造的房子,这个设计正好符合他的要求。他决定利用公司的设计概念,给自己造一座房子。

　　小王向表哥借了六千多块钱,作为买材料的成本,在几位学弟学妹的帮助下,忙碌了一两个月,造出了这座蛋形小屋。国庆节结束后,小王花了三千多元,把小屋从老家运到了公司楼下。白天,他在公司工作、学习。晚上12点,从楼上的公司下来,钻进小屋睡一觉。

　　小王的小屋曾经遭到物业驱赶,但因为没地方搬,最终不了了之。虽然也想过要有房结婚,但现在,他很享受"蛋壳"里的生活。

（改编自《新京报》）

小贴士

图为小王的蛋形小屋。目前在中国的一些大城市,不仅买房贵,租房也贵。住房几乎占了一个人、一个家庭的大部分收入。天价房地产已经成为多数中国人的噩梦,绝大多数人成了"房奴"。

生词 New words

1. 麻袋	(名)	mádài	gunnysack
2. 起眼	(形)	qǐyǎn	(usually used in the negative) attract attention; attractive (of appearance)
3. 掀	(动)	xiān	to lift (a cover)
4. 挪动	(动)	nuódòng	to move; to shift
5. 编制	(动)	biānzhì	to weave
6. 发酵	(动)	fājiào	to ferment
7. 木屑	(名)	mùxiè	bits of wood; sawdust
8. 草籽	(名)	cǎozǐ	grass seed
9. 驱赶	(动)	qūgǎn	to drive something away
10. 不了了之		bù liǎo liǎo zhī	to leave unresolved

学一学 Grammar

1. 来

用在数词或者数量词组后面,表示概数。

(1) 这张桌子一米来宽。
(2) 我这次在北京待的时间不长,也就十来天,有时间我们聚聚。

2. 不了了之

意思是把应该办却没有办完的事情放在一边不管,这也算是对这件事情的一种解决方式。

(1) 因为他怎么都不承认这件事,所以只好不了了之。
(2) 由于找不到嫌疑人,这个案件只能不了了之了。
(3) 王雨三十好几了还没对象,亲戚们曾经给他介绍了几个,但是了解了他家的经济情况后,都不了了之。

根据课文内容,判断正误(正确的画√,错误的画×)

Decide whether the following statements are true (√) or false (×) according to the text

(1) 小王的小屋放在公司楼下的草坪上。
(2) 小王的小屋可以锁门,但是不能挪动。
(3) 小王的小屋是用竹条做成的,最外面是用麻袋做成的保温层。
(4) 小王的小屋里没有水,洗脸刷牙只能去楼上的公司。
(5) 小王利用公司的设计概念,亲手给自己造了座蛋屋。
(6) 国庆节结束后,小王花了六千多块钱把这座蛋屋从老家运到了北京。
(7) 小区物业公司虽然驱赶过这座蛋屋,但是因为没有地方可以搬,也就不管了。

难度:★★★ 建议时间:3分钟 字数:519

北京四合院

　　四合院建筑,是我国古老、传统的文化象征。"四"是东西南北四面,"合"是组合在一起,形成一个"口"字形,这就是四合院的基本特征。四合院建筑之雅致,结构之巧,数量之众多,北京为最。北京四合院作为老北京人世代居住的主要建筑形式,驰名中外,世人皆知。

　　四合院的大门一般开在东南角,院中的北房是正房。正房建在砖石砌成的台基上,比其他房屋的规模大,是院主人居住的地方。院子的两边建有东西厢房,是晚辈们居住的地方。在正房和厢房之间建有走廊,可以供人行走和休息。四合院的围墙和临街的房屋一般不对外开窗,院中的环境封闭而幽静。

　　北京有各种规模的四合院,大大小小,星罗棋布,大则占地几亩,小则不过数丈,或独家独户,或多户合居,但无论大小,都是由一个个四面房屋围合的庭院组成。最简单的四合院只有一个院子,比较复杂的有两三个院子,富贵人家居住的深宅大院,通常是由好几座四合院连接组成的,中间还有一道隔墙。

　　北京四合院讲究绿化,院内种树种花,幽雅宜人。老北京爱种的花有丁香、海棠、山桃花等等,树多是枣树、槐树。花草除了栽种,还可盆栽、水养。

四合院从前一般是一户一住,现在常见多户合住一座四合院的情况,多为贫困人家,称为"大杂院"。大杂院的温馨是许多老北京居民无法忘记的。

（改编自百度百科）

小贴士

四合院是中国北方的传统住宅,历史悠久,分布广泛,除了北京以外,陕西、山西和河北等地的四合院也具有代表性。在老北京四合院里,宠物也不少,大致分起来有四类,一是鸟类、二是虫类、三是鱼类、四是兽类。饲养宠物既是老北京人的一种嗜好,也是四合院文化的重要组成部分。人们在玩赏宠物之中得到的是一份精神上的愉悦与享受,使四合院里的生活更富情趣。

生词 New words

1. 象征	（名）	xiàngzhēng	symbol
2. 雅致	（形）	yǎzhì	elegant; refined
3. 驰名中外		chí míng zhōng wài	be renowned at home and abroad
4. 世人皆知		shì rén jiē zhī	all the world knows
5. 砌	（动）	qì	to build by laying bricks or stones
6. 台基	（名）	táijī	pedestal; platform
7. 厢房	（名）	xiāngfáng	wing (of a house)
8. 幽静	（形）	yōujìng	quiet and secluded
9. 星罗棋布		xīng luó qí bù	spread all over the place
10. 隔墙	（名）	géqiáng	partition
11. 幽雅	（形）	yōuyǎ	(of a place) quiet and tastefully laid out
12. 温馨	（形）	wēnxīn	warm

学一学 Grammar

1. 驰名中外

"驰"是"传播"的意思。这个成语是形容事物的名声很好,被传播到国内和国外。

（1）北京烤鸭不仅在中国有名,而且在国外也很有名,可以说是驰名中外。

（2）承德是河北省面积最大的、驰名中外的历史文化名城。

（3）这里自然资源丰富,野生动、植物资源驰名中外。

2. 世人皆知

指很多人都知道。

（1）中国人要面子，这个传统世人皆知。
（2）杭州西湖之美世人皆知。
（3）忙人才能挤得出时间，这是世人皆知的道理，时间有限，要完成任务就得多做工作。

3. 星罗棋布

本来的意思是说事物像天空中的星星和棋盘上的棋子那样分布着；用来形容数量很多，分布很广。

（1）尽管现在是金融危机，但是当地居民的生活没有受到影响，街上星罗棋布的小商店和餐厅依然十分热闹。
（2）如今的江苏农村已发生了巨大的变化，小城镇星罗棋布，人民生活越来越好。
（3）这个国家的首都是一座拥有近400万人口的历史名城，城里古建筑星罗棋布。

 练一练 Exercises

1. 连线，组成短语

   Match and form a phrase

   （一）

文化	形式
建筑	封闭
环境	象征

   （二）

讲究	组成
数量	绿化
并列	众多

2. 根据课文内容，回答问题

   Answer these questions according to the text

   （1）四合院建筑在中国具有什么地位？
   （2）在四合院的哪个方向可以找到大门？
   （3）什么是正房？什么是厢房？
   （4）正房和厢房之间的走廊有什么作用？
   （5）北京四合院的规模有多大？
   （6）北京的四合院有什么特点？

难度：★★★　建议时间：3.5分钟　字数：603

什么是真正的"宜居"？

北京市明确提出建设"宜居城市"目标已有一年多时间了，其间,北京市政建设没少动脑筋,钱也没少花,但"宜居"程度却不尽如人意。

目前北京城市建设缺少向低收入家庭提供的便利条件,进而影响到低收入家庭的生活质量。比如出行,随着北京市四环、五环乃至六环的陆续开通,小区越建越远,城市居民的出行尤其是到市中心变得更加困难。调查显示,2003年之后,市区部分主要干道高峰期的车速已由1994年的每小时45公里降至每小时12公里左右,大大增加了百姓的出行成本,而对这种成本尤为敏感的恰恰是低收入人群。

与此同时,在城市公共管理方面,对"宜居建设"的认识也存在一定偏差。其中的一种偏差即将方便居民生活的一些小摊小店以有碍观瞻之名取消,而这未必是好事。实际上,平时光顾这些小摊店最多的人群往往是收入较低的普通市民,取消了这些小店,他们的生活自然受到影响。

忽视低收入家庭的利益诉求,甚至片面追求"宜资"、"宜商"而"嫌贫爱富",这样的城市建设思路显然是不对的。对贫弱群体的关怀在很大程度上体现着一个社会的文明程度。

而一些位居全球"宜居城市"排名前列的城市,往往并不是建设得多么豪华,多么"宜资"、"宜商",更重要的是令生活在其中的普通市民感到生活方便、舒心,比如,公共交通枢纽四通八达、功能完善,人们可以很方便地享受不同层次的消费,享受平民化的娱乐设施等等。城市是由人组成的,而广大平民百姓才是城市居民的主体,只有他们的"宜居"才是真正的"宜居"。

(改编自《工人日报》)

2005年1月,中国政府第一次提出宜居城市的概念,同年7月,中国政府要求各地把宜居城市作为城市规划的重要内容,宜居城市成为我国新的城市理念。宜居城市跟城市的规模无关,关键是要看居住在这座城市里的百姓的幸福指数。

生词 New words

1.	尽如人意		jìn rú rényì	just as one wishes; entirely satisfactory
2.	尤为	（副）	yóuwéi	especially
3.	偏差	（名）	piānchā	deviation
4.	有碍	（动）	yǒu'ài	to obstruct
5.	观瞻	（名）	guānzhān	visual impact
6.	诉求	（名）	sùqiú	requirement; demand; appeal
7.	前列	（名）	qiánliè	forefront
8.	枢纽	（名）	shūniǔ	hub; pivot
9.	四通八达		sì tōng bā dá	to extend in all directions

学一学 Grammar

1. 尽如人意

指事情完全符合人的心意。

（1）小张虽然很努力了，但是成绩还是那么不尽如人意。
（2）不可能事事尽如人意，你也别太失望了。
（3）老百姓的生活已经改善了很多，不过还有一些方面不尽如人意。

2. 恰恰

表示两件事或者两种情况巧合，正好。

（1）你最喜欢吃辣椒，我恰恰不能吃辣的，咱俩一起吃饭可是麻烦了。
（2）你的想法跟我的想法恰恰相反。
（3）把事情搞砸的人不是别人，恰恰是小赵自己。

练一练 Exercises

1. 选词填空

Choose the correct words

　　有碍　　针对　　尤为　　四通八达　　枢纽

（1）北京的地铁线路_____，人们出行非常方便。
（2）_____当前的形势，我想谈谈自己的看法。
（3）该市处于水旱两路交通_____，商业很繁荣。
（4）前些年有人认为，汉字是比较落后的文字，难学，_____交流。
（5）这个自由贸易区涉及11个国家，17亿人口，因此语言的沟通作用显得_____重要。

2. 指出下列句子是什么意思
Choose the best meaning for each sentence

(1) 北京市政建设没少动脑筋,钱也没少花,但"宜居"程度却不尽如人意。
   A. 北京市政建设办法也没想,钱也没花,所以人们对北京的宜居程度不满意。
   B. 北京市政建设想了很多办法,但是钱没花多少,难怪人们对北京的宜居程度不满意。
   C. 北京市政建设想了很多办法,钱也花了很多,但是人们对北京的宜居程度还是不满意。

(2) 在城市公共管理方面,对"宜居建设"的认识也存在一定偏差。
   A. 在城市公共管理方面,没有完全正确认识到什么是"宜居建设"。
   B. 在城市公共管理上,根本就不知道什么是"宜居建设"。
   C. 在城市公共管理方面,对"宜居建设"已经有了完全正确的认识。

(3) 将方便居民生活的一些小摊小店以有碍观瞻之名取消,而这未必是好事。
   A. 一些小摊小店因为不方便居民生活、有碍观瞻,所以被取消,不过这不一定是好事儿。
   B. 一些小摊小店方便居民生活却有碍观瞻,所以被取消,可这不一定是好事儿。
   C. 一些小摊小店方便居民生活却有碍观瞻,所以被取消,可这一定是好事儿。

3. 讨论题
在你看来,什么才是真正的"宜居"?

难度:★★★　建议时间:4分钟　字数:626

年轻大学生无奈瞄上集装箱

在深圳这个平均房价超过2万元/平方米的城市,人人想有房并不现实,但住进集装箱却又太无奈。以一个经过简单装修的3×6米集装箱为例,面积18平方米,售价约1万元,平均下来每平方米不到600元,不足目前深圳平均房价的1/30。一套商品房动辄几十上百万,难怪住进集装箱的年轻人苦中作乐地说:我们也算"有房族"啦,一个集装箱算小户型,两个集装箱重叠在一起就算跃层。

在高房价的压力之下,蜗居在集装箱里看似是一个"聪明"的选择,不过由于种种政策的限制,集装箱里的"蜗居梦"其实仍然十分遥远。

住人集装箱并不在政府许可之列,查处相当严厉,想住这样的蜗居并不容易。只能躲藏在偏远郊区,或者委身于立交桥下,甚至一些在建的工地旁边,面对城市管理者更是提心吊胆。

实际上，集装箱住宅在国外已经屡见不鲜。只是对于国外的住人集装箱项目的开发者而言，大多是充满创意和节能意识的艺术作品。

此外，国内一些企业拥有某块土地的使用权，可以在上面放置集装箱房。但如果个人要租或者买集装箱房作为公寓，首先必须获得某块土地的使用权，并获得有关部门的规划审批，否则就属于违章搭建。以个人名义取得土地使用权并获得规划审批，在目前看来几乎是个不可能的事情。

住人集装箱是中国高房价最好的证明。因为买不起房，所以住人集装箱成为部分人实现"蜗居梦"的方式之一。但由于目前政府和法律对于无产权房的否定态度，同时正在全面清理，住人集装箱要在中国流行起来不太现实。

对于购不起房的老百姓来说，住人集装箱虽然很荒唐，却折射出许多人的无奈。

（改编自《每日经济新闻》）

小贴士

图为住人集装箱。户型就是房屋的类型，常见的户型有平层户型、跃层户型、错层户型、复式户型。按照面积可以分为大户型和小户型。平层户型是指一套房子的所有房间都在同一层；跃层型是一套房屋有两层，里面有楼梯联系上下层；错层户型是指一套房子的房间处在几个高度不同的平面上；复式户型在概念上是一层，没有完整的两层空间，但是层高比普通的房子要高，局部有一个夹层(jiācéng, mezzanine)，安排卧室或者书房。

生词 New words

1. 瞄	（动）	miáo	to take aim; to target
2. 集装箱	（名）	jízhuāngxiāng	container
3. 动辄	（副）	dòngzhé	easily; frequently; at every turn
4. 苦中作乐		kǔzhōngzuòlè	enjoy life despite hardship; find joy amid hardship
5. 蜗居	（动）	wōjū	to live in a humble abode

6. 许可	（动）	xǔkě	to permit
7. 查处	（动）	cháchǔ	to investigate and prosecute
8. 委身	（动）	wěishēn	to submit to
9. 提心吊胆		tí xīn diào dǎn	in a state of uneasiness, strain or suspense
10. 屡见不鲜		lǚ jiàn bù xiān	common occurence
11. 审批	（动）	shěnpī	to examine and approve
12. 违章	（动）	wéizhāng	to violate regulations
13. 荒唐	（形）	huāntáng	ludicrous; absurd
14. 折射	（动）	zhéshè	to refract

学一学 Grammar

1. 苦中作乐

指虽然环境或者条件艰苦，但是仍然能从中找到快乐。

(1) 生活艰辛，我们要学会苦中作乐，积极乐观地面对生活。

(2) 捡破烂的几个小兄弟苦中作乐，白天为生活四处奔跑，晚上几个人凑点钱喝酒看电影。

2. 在……之列

常用搭配，表示在某一范围内。

(1) 这个问题太敏感，不在这次讨论之列。

(2) 按照山海关古城保护开发规划的要求，不在保护之列的居民住房开始拆除。

(3) 今年年初的几场比赛不在我的计划之列，我得一步一步来，估计可能到明年三月份再参加比赛。

3. 提心吊胆

形容非常担心。

(1) 自从儿子出国以后，她整天过着提心吊胆的生活，生怕儿子在国外遇到什么危险。

(2) 电梯伤亡事故不断出现，叫人提心吊胆。

(3) 山羊很容易惊醒，最不容易睡着，即使在梦幻中也还是提心吊胆。

4. 屡见不鲜

形容见的次数多了，就不觉得新奇了。

(1) 这样的故事，在当今的报纸、广播、电视上已经屡见不鲜。

(2) 人人都已经意识到了环境保护的重要性，有关环保的文学作品也屡见不鲜。

(3) 一个个寻找"顺风车"一起上下班的帖子在北京不少家园社区论坛上屡见不鲜。

5. 以……名义

常用搭配，根据某一身份或资格。

（1）在女儿出生不久后，李丽就以自己的名义在银行开了一个账户，每年都将亲戚朋友送给孩子的压岁钱存在这个账户里。

（2）国家海洋局以中国政府的名义先后组织了两次北极科学考察。

（3）根据国家有关规定，政府的基本建设要根据本地的实际情况，严禁以各种名义用公款大吃大喝、高消费娱乐。

1. 选词填空

   Choose the correct word

   蜗居　　　动辄　　　许可　　　荒唐　　　审批

   （1）香港书价昂贵，一本两百来页的书_____百元，因此在书店里看书的人远比买书的人多。

   （2）张华一家三口一直_____在市中心一间11平方米的小平房内。

   （3）如果条件_____，我就报名参加这次比赛。

   （4）广电总局对电视节目的_____有严格的规定。

   （5）他对这个问题的看法是极其的_____。

2. 根据课文内容，选择正确答案

   Choose the correct answer according to the text

   （1）关于一个经过简单装修的3×6米集装箱，下面说法错误的是（　　）。

      A. 这种集装箱的面积是18平方米。

      B. 要是你想买一个这样的集装箱，大约需要付1万元。

      C. 这种集装箱的价格超过了目前深圳平均房价的1/30。

      D. 这种集装箱每平方米的价格低于600元。

   （2）关于集装箱住宅，下面说法错误的是（　　）。

      A. 政府对住人集装箱的查处非常严厉。

      B. 个人要租或买集装箱房作为公寓，首先必须获得某块土地的使用权。

      C. 集装箱住宅在国外十分常见。

      D. 作者认为集装箱住宅的出现并不能证明中国的房价很高。

   （3）在深圳，你肯定看不到住人集装箱的地方是（　　）。

      A. 商务中心区　　　　　　　B. 立交桥下

      C. 一些在建的工地旁边　　　D. 偏远郊区

   （4）住人集装箱要在中国流行起来不太现实的原因是（　　）。

      A. 住人集装箱的售价太高了。

      B. 个人难以获得某块土地的使用权，并且政府和法律不认可无产权房。

      C. 中国的住人集装箱不是充满创意和节能意识的艺术作品。

      D. 老百姓不认可无产权房。

难度：★★★★　　建议时间：4分钟　　字数：547

苏州园林

苏州是中国著名的历史文化名城，这里向来以山水秀丽，园林典雅而闻名天下，有"江南园林甲天下，苏州园林甲江南"的美称。俗话也说"上有天堂，下有苏杭"。苏州之所以获得"天堂"的美称，在很大程度上是由于它拥有一批全国乃至世界知名的古典园林。

苏州的私家园林开始修建于公元前6世纪。私家园林遍布古城内外。16～18世纪是私家园林的全盛时期，城内外园林200多处，为苏州赢得了"园林之城"的称号。现在保存尚好的有数十处，闻名遐迩的有沧浪亭、狮子林、拙政园、留园等。

苏州园林占地面积小，却讲究"步移景异"，把有限空间巧妙地组成变幻多端的景致，对景物的安排和观赏的位置都有很巧妙的设计，苏州园林试图在有限的内部空间里完美地再现外部世界的空间和结构。园内亭台楼榭，游廊小径蜿蜒其间，内外空间相互渗透，能够流通。透过格子窗，广阔的自然风光被浓缩成微型景观。题词无处不在，为园林增添了浓厚的人文气息。涓涓流水脚下而过，倒映出园中的景物，虚实交错，把观赏者从可触摸的真实世界带入无限的梦幻空间。

苏州古典园林宅园合一，可赏，可游，可居，这种建筑形态的形成，是在人口密集和缺乏自然风光的城市中，人类依恋自然，追求与自然和谐相处，美化和完善自身居住环境的一种创造。苏州园林代表了中国私家园林的风格和艺术水平，是不可多得的旅游胜地。

（改编自中国网）

小贴士

现存的苏州园林中的沧浪亭、狮子林、拙政园和留园分别代表着宋、元、明、清四个朝代的艺术风格，被称为苏州"四大名园"，其中拙政园、留园与北京颐和园、河北承德避暑山庄并称我国四大古典名园。

生词 New words

1. 秀丽　　　　（形）　　xiùlì　　　　　　　beautiful
2. 典雅　　　　（形）　　diǎnyǎ　　　　　　refined; elegant
3. 闻名　　　　（动）　　wénmíng　　　　　to be renowned
4. 全盛　　　　（形）　　quánshèng　　　　(of a historical period) flourishing
5. 遐迩　　　　　　　　xiá'ěr　　　　　　　far and near
6. 变幻多端　　（动/形）biànhuàn duōduān　to change irregularly; fluctuate many and varied
7. 亭台　　　　（名）　　tíngtái　　　　　　pavilion
8. 楼榭　　　　（名）　　lóuxiè　　　　　　 house terrace
9. 蜿蜒　　　　（动）　　wānyán　　　　　　to wind; zigzag
10. 浓缩　　　（动）　　 nóngsuō　　　　　to concentrate; to enrich
11. 题词　　　（名）　　 tící　　　　　　　 dedication; inscription
12. 涓涓　　　（形）　　 juānjuān　　　　　trickling
13. 交错　　　（动）　　 jiāocuò　　　　　 to criss-cross
14. 触摸　　　（动）　　 chùmō　　　　　　 to touch
15. 密集　　　（形）　　 mìjí　　　　　　　 concentrated; compressed
16. 不可多得　　　　　　 bù kě duō dé　　　 rare; hard to come by

专有名词 Proper names

1. 沧浪亭　　Cānglàng Tíng　　　Garden of Surging Wave Pavilion
2. 狮子林　　Shīzilín　　　　　　Lion Grove Garden
3. 拙政园　　Zhuōzhèngyuán　　　Humble Administrator's Garden
4. 留园　　　Liúyuán　　　　　　Lingering Garden

 学一学 Grammar

1. 为……赢得了……

常用搭配，表示替某人或某个机构获得。

(1) 这次比赛，他为学校赢得了荣誉。
(2) 在去年的世界杯赛上，她为祖国赢得了第一枚国际比赛的奖牌。
(3) 张雨虽然不太有名，但是他顽强的精神还是为他赢得了不少掌声。

2. 不可多得

形容非常稀少，很难得到。

(1) 科学家是我们国家不可多得的宝贵财富。

（2）这个地方日照充足，风力资源丰富，为可再生能源的开发利用提供了不可多得的有利条件。

（3）这不仅对于中国，而且对于世界各国的企业家都是不可多得的机遇。

 练一练 Exercises

1. 指出下列句子是什么意思

   Choose the best meaning for each sentence

   （1）江南园林甲天下，苏州园林甲江南。

   A. 江南园林是全中国最美的园林，而苏州园林又是江南园林中最美的。

   B. 江南园林，特别是苏州园林，虽然美，但不是最美的。

   C. 江南园林，特别是苏州园林，虽然不是最美的，但是仍然很美。

   （2）苏州之所以获得"天堂"的美称，在很大程度上是由于它拥有一批全国以至世界知名的古典园林。

   A. 苏州拥有很多只在中国有名的古典园林，这为它赢得了"天堂"的美称。

   B. 苏州拥有很多在中国和世界上都很有名的古典园林，这是它被称为"天堂"的原因之一。

   C. 苏州被称为"天堂"的主要原因是因为它拥有一批不光在中国而且在世界上都很有名的古典园林。

   （3）苏州古典园林宅园合一，可赏，可游，可居。

   A. 苏州的古典园林只能作为住宅，只能居住，不能欣赏游玩。

   B. 苏州的古典园林既可以作为住宅也可以作为花园，既可以欣赏游玩也可以居住。

   C. 苏州的古典园林只能作为花园，只能欣赏游玩，不能居住。

2. 根据课文内容，判断正误（正确的画√，错误的画×）

   Decide whether the following statements are true(√) or false(×) according to the text

   （1）苏州的私家园林开始修建于公元6世纪。

   （2）16～18世纪苏州城内外园林200多处，正因为这苏州被称为"园林之城"。

   （3）苏州园林虽然小，但是有限空间却巧妙地安排了变幻多端的景致。

   （4）苏州园林内的景致秀丽，可是缺乏人文气息。

   （5）苏州园林体现了人们追求人类与自然和谐相处的精神。

词汇盘点 Key words extended

驱赶	幽静	尤为	荒唐	闻名
驱赶敌人	环境幽静	尤为重要	荒唐可笑	闻名全国
驱赶野兽	小巷幽静	尤为精彩	荒唐透顶	闻名世界
驱赶烦恼	小院幽静	尤为突出	荒唐的行为	闻名于世
驱赶忧愁	幽静的山谷	对健康尤为不利	荒唐地认为	远近闻名

 Fun weekend

猜一猜 Guess

小刘在跑步,可是为什么他总是保持同一个姿势没有变化呢?

会说话的青蛙

　　一男孩在路上走着,一只青蛙叫住他,说:"如果你吻我,我就能变成美丽的公主。"男孩听后,把青蛙捡起来,放进口袋里。

　　过了一会儿,青蛙又开口了:"如果你吻我,把我变成美丽的公主,我就和你住一个星期。"男孩把青蛙掏出来冲它笑了笑,又把它放回口袋里了。

　　于是,青蛙叫起来了:"如果你吻我,把我变成美丽的公主,我就让你为所欲为。"男孩又把青蛙掏出来冲它笑了笑,还是把它放回口袋里了。

　　最后青蛙问道:"为什么?你为什么不愿意吻我?"

　　男孩说:"我是搞建筑的。我没时间交女朋友,但拥有一只会说话的青蛙简直太酷了!"

A Speaking Fog

　　A boy was walking on the road, and a fog called out to him, "If you kiss me, I will become into a beautiful princess." After heard that, the boy picked up the fog and put it into his pocket.

　　After a while, the fog spoke up again, "If you kiss me, and turn me into a beautiful princess, I will live with you for a week." The boy took out of the fog and smiled to it, then put it back to the pocket again.

　　Thus, the frog cried: "If you kiss me, and turn me into a beautiful princess, I'll let you do whatever you want." The boy again took out of the fog and smiled to it, then put it back to the pocket.

　　Finally the frog asked: "Why? Why don't you want to kiss me?"

　　The boy said: "I am engaged in the building, and I didn't have time to make a girlfriend, but having a speaking frog is really cool!"

（改编自 http://zzz315726164.blog.sohu.com/93496188.html）

在哪儿见过？ Where have you ever seen these pictures?

1. 这是中央电视台总部大楼。这座大楼位于北京市商务中心区，由中央电视台主楼、服务楼、电视文化中心以及室外工程组成，其中主楼高234米，地上52层，地下3层。主楼的两座塔楼双向向内倾斜6℃，在163米以上由"L"形悬臂结构连为一体。

| **倾斜** | qīngxié | slant |
| **悬臂结构** | xuánbì jiégòu | cantilever construction |

2. 这是国家大剧院。该剧院位于北京市天安门广场西，它的外部是半椭圆形，椭球体外环绕人工湖，剧院的各种通道和入口都在水面下。行人需要从一条80米长的水下通道进入演出大厅。国家大剧院内有四个剧场，中间是歌剧院，东面是音乐厅，西面是戏剧场，南门西面是小剧场，四个剧场相互独立，也可以通过空中走廊联系在一起。

3. 这是盘古大观。盘古大观位于北京市北四环中路、亚奥核心区,体现了"讲中国语言的世界级建筑"的设计理念。设计师将中国五千年的龙图腾与中国传统文化的精髓融于一体,以192米高的写字楼为龙首,三栋国际公寓、一栋七星酒店为龙身,让延伸近700米的整座建筑体形像一条巨龙。

4. 这是东方明珠广播电视塔,它位于上海浦东新区,它集电视发射、娱乐和游览于一体。1991年动工,1994年建成,塔高468米。它共有15个观光层,其中最高的观光层太空舱在350米的地方。在267米的地方是亚洲最高的旋转餐厅,底层有一个上海城市历史发展陈列馆,馆里再现了老上海的生活场景。东方明珠塔最有特色的地方是把11个大小不一、高低不同的球体连在一起,第一个大球体的直径为50米,第二个大球体的直径为45米,最高处球体的直径为14米。

星期一
1. √ 2. × 3. √ 4. × 5. √ 6. × 7. √

星期二
1. （一）
文化 → 形式
建筑 → 封闭
环境 → 象征

（二）
讲究 → 组成
数量 → 绿化
并列 → 众多

2. (1) 四合院建筑是中国古老、传统的文化象征。
(2) 在四合院的东南角或西北角可以找到大门。
(3) 院中的北房是正房，比其他房屋的规模大，是院主人居住的地方。院子的两边建有东西厢房，是晚辈们居住的地方。
(4) 正房和厢房之间的走廊可以供人行走和休息。
(5) 北京有各种规模的四合院，大大小小，大则占地几亩，小则不过数丈，最简单的四合院只有一个院子，比较复杂的有两三个院子，富贵人家居住的深宅大院，通常是由好几座四合院并列组成的，中间还有一道隔墙。
(6) 北京的四合院讲究绿化，院内种树种花，幽雅宜人。

星期三
1. (1) 四通八达 (2) 针对 (3) 枢纽 (4) 有碍 (5) 尤为
2. (1) C (2) A (3) B
3. 略

星期四
1. (1) 动辄 (2) 蜗居 (3) 许可 (4) 审批 (5) 荒唐
2. (1) C (2) D (3) A (4) B

星期五
1. (1) A (2) C (3) B
2. (1) × (2) √ (3) √ (4) × (5) √

玩转周末
因为小刘在照片上。

第三周
关注教育不公平现象

难度：★★　建议时间：2分钟　字数：494

应试教育下的孩子们

陈奶奶有两个小外孙女，一个今年刚刚上初中，还有一个上小学三年级。两个小女孩儿周末、节假日和寒暑假几乎没有自己可以自由支配的玩耍时间。她们必须去补习各种课程，或者是奥数课、英语课，或者是语文、珠算课。

"她们现在的学业负担，比我们少年时代要重得多。"陈奶奶看着心疼，却也不敢松懈。"因为社会竞争很激烈，你如果不去补习就上不了好初中和好高中，大学就更不用说了。"

正是这种担心，将家长和孩子绑上了应试教育的"战车"。朱丽是江苏省南京市外国语学校的英语老师。作为英语特级教师，她在全国各地作教育权益讲座时发现，有的学校早上5点半就让孩子起床，一直到晚上10点孩子还在学校。每个桌子上都堆着厚厚的书，孩子课外活动时间和自习时间很少。有的地方星期六全天补课，还有的学校一个月只放一天假，有的学校甚至一个月放半天假。孩子们长期处于这样的高压状态下，极大地影响了他们的身心健康。"我们这一代人，包括老一代人都没有经受过这种长期的高强度的学习压力，大家都发展得很好，为什么要把孩子压迫成这样呢？"朱丽说。在她看来，沉重的高压式学习占用了孩子大量的时间，孩子没有时间思考，甚至连跟父母朋友交流的时间都很少。

（改编自《中国青年报》）

汉语天天读（高级篇）

小贴士

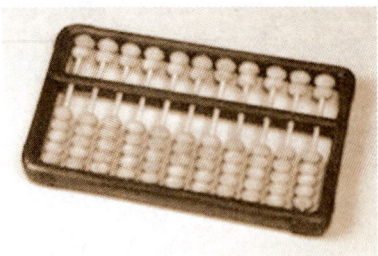

珠算是以算盘为工具进行计算的一种方法。左图是算盘，中国是算盘的故乡，算盘是长方形的，四周是木框，里面固定着一根根小木棍，小木棍上穿着木珠，中间一根横梁把算盘分成两部分，每根木棍的上半部有两个珠子，每个珠子当五，下半部有五个珠子，每个珠子代表一。

生词 New words

1. 支配	（动）	zhīpèi	to dominate
2. 珠算	（名）	zhūsuàn	calculation with an abacus
3. 松懈	（形）	sōngxiè	relaxed
4. 特级	（形）	tèjí	super; fancy; superfine
5. 权益	（名）	quányì	rights and benefits
6. 压迫	（动）	yāpò	to oppress; to repress

学一学 Grammar

1. 就更不用说了

常用搭配。

（1）他连吃饭钱都不够，就更不用说玩的钱了。

（2）他们连自己都不能养活，就更不用说照顾妻子儿女了。

（3）他懂得德语和法语，英语就更不用说了。

2. 正是……将/把/让……

常用搭配。

（1）正是你的溺爱把孩子宠坏了。

（2）正是这些丰富多彩的经历让他越来越有魅力。

（3）正是这部风靡全球、创下有史以来票房最高纪录的电影，让他一夜之间成为国际瞩目的明星。

 Exercises

1. 仿照例子，做词语接龙游戏
According to the examples, play word by word games

例如：邀请——请假——假期——期末——末尾

（1）支配
（2）珠算

2. 选择并完成句子
Choose and complete the following sentences

（1）你如果不去补习，你就上不了好初中和好高中，_____。
　　A. 大学可以上　　　　　　B. 大学就更不用说了。
（2）孩子们长期处于这样的高压状态下，_____。
　　A. 极大地影响了他们的身心健康　　B. 身心健康影响不太大

难度：★★★　　建议时间：3分钟　　字数：493

关注教育不公平现象

1999年，李华和赵星一起考入了北京师范大学中文系，成为同班同学。不过，来自湖南农村的李华的分数是610分，而来自北京的赵星却比她低了好几十分，这样的分数，在湖南最多能上个二类本科。

考卷一样，录取分数线却不一样，城市尤其是大城市的考生的录取分数低于农村，这是中国高等教育招生录取制度的一大特点，也正是无数农村考生的痛处。2000年全国第一批高考录取分数线，北京文科462分，理科469分；浙江分别为560分和573分；山西省为549分和544分。往往外地只能上专科的考生，在北京就可以上重点大学了。

除了由来已久的地区差距外，另一个差距——农村和城市的差距在近年来愈发凸显。

城市中有更多政治、经济、社会资本的子女可以通过较低的分数和走关系等非正常的手段实现入学。中高级管理技术人员的子女多集中在优势高校，而农民、工人和下岗失业人员的子女则多集中于普通院校和大专院校。在专业选择方面，农村学生偏向于农学、军事学、教育学等较为冷门的、收费较低的学科，而城市学生更倾向于法学、经济学、管理学等热门的、收费较高的学科。学科的选择,成为一种潜在的分层。

(改编自《中国新闻周刊》)

高考录取分数线,又叫省控线,或者叫批次线,每个省叫法不同,含义相同,所谓高考录取线就是指考生想要上某个批次大学必须通过的一条分数线,一般来讲,一本大学的录取线叫重点线;二本大学的录取线叫二本线;三本大学的录取线叫三本线或本科线;高职大专的录取线叫大专线。每年高考的录取线都不相同,主要是由当年的招生计划和报考人数以及当年的高考试题难易程度来决定。

生词 New words

1. 痛处	(名)	tòngchù	a tender spot
2. 文科	(名)	wénkē	the liberal arts
3. 理科	(名)	lǐkē	(a course of) science
4. 专科	(名)	zhuānkē	vocational school
5. 差距	(名)	chājù	a gap; the disparity
6. 潜在	(形)	qiánzài	latent; potential

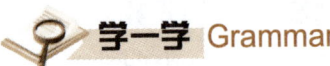 Grammar

愈发凸显

表示越来越明显。
(1) 物价上涨对低收入群体所造成的生活困难问题愈发凸显。
(2) 随着我国汽车产业的高速发展,汽车流通业的重要性愈发凸显。
(3) 随着国际交往的加深,汉语的国际地位愈发凸显。

1. **选词填空**

    Choose the correct words

    (1) 农村学生偏向冷门的学科,( )城市学生更倾向于热门的学科。

    A. 而   B. 而且   C. 但是

    (2) ( )外地只能上专科的考生,在北京就可以上重点大学了。

    A. 常常   B. 往往   C. 一般

2. **根据课文内容,回答问题**

    Answer these questions according to the text

    (1) 什么是无数农村考生的痛处?

    (2) 本文讲了农村考生和城市考生的哪些差距?

    (3) 在专业选择方面,农村学生偏向于哪些学科?

难度:★★★   建议时间:3.5分钟   字数:563

低龄留学生越来越多

眼下,正有越来越多的初中、高中生加入了放弃中考、高考,出国留学的行列。据统计,2010年我国低龄学生出国留学人数达到近午来的最高峰,赴海外读高中的学生比往年增加两到三成,高中毕业参加"洋高考"去国外上大学的学生,比往年增加一成多。

教育部公布的数据显示,2009年,高考弃考人数达到84万,而2010年预测弃考人数接近100万。在北京、上海、南京等大中城市中,放弃国内中高考转而选择出国留学的学生,正以每年20%的速度增加,弃考留学蔚然成风。

很多学生选择到国外留学,是因为国内的高端优质教育资源相对有限,竞争压力大,无法满足学生的需求;另外,随着我国国际化程度越来越高,市场上对于拥有国际视野人才的需求也越来越大等,这些因素都导致家庭经济条件许可的家长愿意送孩子出国留学。

很多家长认为到国外读中学比在国内读高中更容易被国外知名高校录取。而且,国外读高中压力较小,学生可以根据兴趣多方面发展。同时,家庭经济收入提高,希望早一点让孩子适应国外的学习和生活从而办理移民也是导致留学"低龄化"的因素之一。

有些专家认为一是因为"内地高考难",有的家长不希望孩子受应试教育的折磨,早早做好出国留学的打算,还有的孩子则因成绩不太理想,想绕过国内高考出国留学;二是"内地大学差",过去10年间,内地大学的声誉随扩招大幅下降,一些家长认为还是把孩子送出国留学会学到真东西。

(改编自大众网)

> **小贴士**
>
> 应试教育是以应付升学考试为目的的教育思想和教育行为。它以升学率的高低来检验学校的教育质量、教师的工作成绩以及学生学业水平。以考试为目的的教育,教育模式与考试方法限制了学生能力的充分发挥,被动地学习,培养的学生难以适应工作和社会的发展。

生词 New words

1. 接近	(动)	jiējìn	to approach
2. 高端	(形)	gāoduān	high-end
3. 优质	(形)	yōuzhì	excellent quality
4. 移民	(动)	yímín	to immigrate
5. 折磨	(动)	zhémó	to torment
6. 绕	(动)	rào	to detour
7. 声誉	(名)	shēngyù	reputation; fame
8. 扩招	(动)	kuòzhāo	to increase enrollment

学一学 Grammar

蔚然成风

指一件事情逐渐发展盛行,形成一种良好风气。

(1) 英国人在夏季全家到海边度假已蔚然成风。
(2) 学习一门灰色技能,比如唱歌、魔术等,在我们公司已经蔚然成风。
(3) 随着公共体育设施建设的加快,全民健身活动蔚然成风。

 Exercises

根据课文内容,选择正确答案
Choose the correct answer according to the text

(1) 这篇文章主要讲什么?
　　A. 留学低龄化的原因　　B. 很多学生放弃中高考
　　C. 内地高考难　　　　　D. 内地大学差

(2) 下面哪一个不是学生选择到国外留学的原因?
　　A. 国内的高端优质教育资源相对有限
　　B. 国内竞争压力大
　　C. 市场上对于拥有国际视野人才的需求越来越大
　　D. 内地高考难

(3) 下面哪一个不是家长送孩子到国外留学的原因?
　　A. 学生成绩不理想
　　B. 国外读高中压力较小
　　C. 学生可以根据兴趣多方面发展
　　D. 到国外读中学比在国内读高中更容易被国外知名高校录取

(4) 下面哪一个不是专家认为学生到国外留学的原因?
　　A. 内地高考难
　　B. 内地大学差
　　C. 有的家长不希望孩子受应试教育的折磨
　　D. 国内竞争压力大

难度:★★★　　建议时间:3.5分钟　　字数:588

中国的英语热

　　从二十几年前家家户户传出中国最早的情景英语教学节目"Follow me"的正宗牛津音,到如今中国大城市年轻人个个都能说上几句流利的英文;从为练习口语中国内地一些高校出现的"英语角",到北京奥运会前后中国内地"人人学英语"的再度升温,不知不觉间,全民"英语热"已经在中国热了整整三十年。目前,我国有四亿多人在学英语,约占全国总人口的三分之一。专家预测,再过几年,我国学英语的人数将超过英语母语国家的总人口数。他们把学习英语看成一种时尚。

　　学英语对于八岁的王雨来说,已经成为生活的一部分。从进入小学起,每到周末她都要在父亲或母亲的陪伴下,乘一个小时的公共汽车到市内的外语培训机构参加两小时的英语学习。她喜欢培训班里的学习环境与氛围,有游戏,有表演,没有考试,没有压力。

相当一部分职场人士利用周末参加英语培训。从事外贸工作的小王表示,为更好地与客户沟通,必须掌握一些实用英语,比如英文E-mail写作,商务英语口语。而在外企工作的小于表示,他的工作离不开英语,熟练的英语能为个人发展带来更多机遇,所以参加工作后他一直在参加英语培训。

对于现在的年轻人来说,出国留学已经不再是遥远的事情了。参加雅思、托福考试成为出国留学的必要准备。还有一部分商务人士经常要到国外出差,所以他们也在学英语。也有很多人表示,学英语既不是为了考试也不是为了工作,完全是出于热爱。因为学好英语,可以与不同国家的人交流,获得更多快乐。

(改编自《中国教育报》)

小贴士

雅思(International English Language Testing System,简称IELTS,中文名为国际英语语言测试系统)是由英国文化协会(The British Council)、剑桥大学考试委员会(CESOL)和澳大利亚教育国际开发署(IDP Australia)共同举办的国际英语水平测试。此项考试是为申请赴英语国家(美国、英国、澳大利亚、加拿大、新西兰等)留学、移民的非英语国家学生而设,用来评定考生运用英语的能力。

生词 New words

1. 正宗	(形)	zhèngzōng	real; authentic
2. 机构	(名)	jīgòu	organization; institution
3. 外贸	(名)	wàimào	foreign trade
4. 机遇	(名)	jīyù	opportunity; chance

学一学 Grammar

1. 不知不觉间

表示没有意识到,没有觉察到。现在多指没有注意到。
(1) 不知不觉间我和他已经认识十年了。
(2) 时光飞逝,在我不知不觉间三个月已经过去了。
(3) 我根本不想参与这场争论,却发现自己不知不觉间已被卷了进去。

2. 既不是……也不是……是……

常用句式。

（1）我爱你既不是因为你有钱也不是因为你很帅，是因为你这个人。
（2）选择这个公司既不是因为它的名气也不是因为它的待遇，是因为它的氛围。
（3）我这样做既不是为了讨好你也不是为了钱，是为了帮助你。

根据课文内容，判断正误（正确的画√，错误的画×）
Decide whether the following statements are true(√) or false(×) according to the text

（1）"英语热"已经在中国热了整整三十年。
（2）"Follow me"是中国最早的情景英语教学节目。
（3）我国有5亿多人在学英语，约占全国总人口的1/3。
（4）王雨学英语是因为她要出国留学。
（5）小王从事的是外贸工作。
（6）王雨喜欢培训班里的学习环境与氛围，有游戏、有表演，没有考试，没有压力。

 难度：★★★★　建议时间：4分钟　字数：536

农民工子女的教育

农民工子女的教育问题长期以来一直深受各方关注。目前全国粗略统计，现在大概有2400万进城务工人员的子女，其中有1600多万留在农村，还有800万跟随父母进了城。这800万身处城市的农民工子女有一部分在城市公办学校就读，很大一部分在民办农民工子弟学校学习，另外还有一部分辍学。他们的教育问题令人担忧。

很多城市公办学校针对农民工子女设置了入学门槛和名额限制，其中不乏加收高额的借读费和赞助费。前些年的一项问卷调查显示，"和城里孩子享有同样的待遇"、"降低收费标准"，是农民工在子女教育问题上的两个最大愿望。就目前来看，可以说依然还是如此。不可否认，没有城市户口、收费高，的确是农民工子女求学路上的两大"拦路虎"。

对于在民办农民工子弟学校就读的学生而言，他们接受的教育和城市公办学校并不能相提并论。与公办学校相比，民办学校大多师资力量薄弱，学校基础设施简陋，有些甚至存在安全隐患，基本上都没有体育场所供学生进行相应的体育运动,也没有图书馆供学生进行丰富和扩展课内外知识的阅读。

在城市的农民工子弟中,还有相当的一部分属于辍学或失学群体,这是一个人数众多的群体,同时这也是一个身无技能,人在城市、心却离城市很远的社会边缘群体。他们被城市所容纳,但并不被城市所接受。他们未来影响的也许是国家和社会的和谐。

(改编自《农民日报》)

借读费和赞助费是两个不同的概念,如果是外地户口要在某市读书的话一定要交借读费,很多还要交赞助费。

生词 New words

1. 粗略	(形)	cūlüè	rough
2. 辍学	(动)	chuòxué	to discontinue schooling; to drop out
3. 门槛	(名)	ménkǎn	(metaphor) criteria and conditions
4. 名额	(名)	míng'é	the number of persons designated or allowed
5. 不乏	(动)	bùfá	[Formal] there is no lack of; numerous
6. 薄弱	(形)	bóruò	weak
7. 简陋	(形)	jiǎnlòu	simple and crude; humble
8. 边缘	(形)	biānyuán	marginal

 Grammar

1. 拦路虎

比喻前进路上的障碍和困难。

(1) 在处理这一问题时我遇到了拦路虎。

(2) 房价成为住房制度改革的拦路虎。

(3) 语言和文化障碍,是新移民找工作的拦路虎。

2. 相提并论

表示把不同的人或不同的事放在一起谈论或看待。

(1) 在跳舞上,我不能和玛丽相提并论。

(2) 冷冻食品和新鲜食品不能相提并论。
(3) 乡村里的社交生活无法与大城市的相提并论。

练一练 Exercises

1. 连线，组成短语
Match and form a phrase

（一）

设施　　薄弱
力量　　门槛
设置　　简陋

（二）

限制　　待遇
享有　　标准
降低　　名额

2. 选词填空
Choose the correct words

粗略　　不乏　　薄弱　　简陋

(1) 农民工子弟学校的师资力量非常_____。
(2) 这地方虽然_____，却是我们的会议厅。
(3) 他的意见_____可取之处。
(4) 我_____地统计了一下，我们班有八个人获得了90分以上的好成绩。

周末总盘点

词汇盘点 Key words extended

支配	潜在	优质	声誉	薄弱
支配时间 支配劳动力 不听支配	潜在危险 潜在才能 潜在威胁 潜在力量	优质生活 优质红酒 优质服务 优质教育	赢得声誉 破坏声誉 树立声誉	力量薄弱 意志薄弱 设施薄弱 防御能力薄弱

玩转周末 Fun weekend

测试：你知道孔子学院吗？

孔子学院(Confucius Institute)，是中国国家对外汉语教学领导小组办公室在世界各地设立的推广汉语和传播中国文化与国学的教育和文化交流机构。最重要的一项工作就是给世界各地的汉语学习者提供规范、权威的汉语教材;提供正规的汉语教学渠道。全球首家孔子学院2004年11月21日在韩国首尔成立,目前孔子学院已在108个国家的350多个教育机构落户,中小学孔子课堂达500多个,成为推广汉语教学、传播中国文化及汉学的全球品牌和平台。

轻松一刻 Easy time.

| 谁最蠢 | Who is Stupid |

一个老师在对学生们讲心理学,"谁认为自己蠢就站起来?"她一开始就说。

李建站了起来。

"你认为你很蠢吗,李建?"老师问。

"不是的,老师,我只是不喜欢看你一个人站着。"

(改编自小木虫网)

A teacher was trying to make use of her psychology courses. She started her class by saying, "Everyone who thinks you're stupid, stand up!"

LiJian then stood up.

The teacher said, "Do you think you're stupid, LiJian?"

"No, ma'am, but I hate to see you standing there all by yourself!"

 在哪儿见过? Where have you ever seen these pictures?

1. 在中国的很多学校门前,你会看到这样的标志。

2. 这是中国教育发展基金会的门牌(ménpái, a doorplate)。

中国教育发展基金会　　Zhōngguó Jiàoyù Fāzhǎn Jījīnhuì
China Education Development Foundation

3. 中国的很多中小学在每个星期的星期一都会举行升旗仪式(shēngqí yíshì, flag raising ceremony),一般来说,学生在学校里都穿校服(xiàofú, school uniform)。

答案 Key to the exercises

星期一

1. (1) 支配——配合——合作——作家——家庭
   (2) 珠算——算命——命运——运气——气球
2. (1) B　　(2) A

星期二

1. (1) A　　(2) B
2. (1) 考卷一样录取分数线却不一样,城市尤其是大城市的考生的录取分数低于农村是农村考生的痛处。
   (2) 两个差距:地区差距和城乡差距。
   (3) 在专业选择方面,农村学生偏向于农学、军事学、教育学等较为冷门的、收费较低的学科。

星期三

(1) A　　(2) D　　(3) A　　(4) D

星期四

(1) √　　(2) √　　(3) ×　　(4) ×　　(5) √　　(6) √

星期五

2. (1) 单薄　　(2) 简陋　　(3) 不乏　　(4) 粗略

第四周

手机也可循环利用

难度：★★　建议时间：3分钟　字数：525

湿地"筑巢"引来百鸟安家

近年,潍坊林地面积增加,环境改善,湿地建设得好,植物增多,适宜鸟儿生存的地方多了起来。牛背鹭、黑鹳等多年未见的鸟类再现山东潍坊。12日,记者从山东省潍坊市林业局获悉,潍坊野生鸟类达到了306种,比原来增加了8种。不仅鸟的种类增加了,而且鸟的数量也增加了很多,超过了10%。除得益于环境改善外,潍坊利用湿地等资源,也为野生动物营造了"筑巢"条件。

12日,在白浪河湿地公园内,几只天鹅正悠闲地在河中戏水。人们或驻足欣赏,或轻声细语,一派天然和谐。相关工作人员告诉记者,公园内有部分天鹅是野生的,近来天气较往年温暖,迁徙过程中的天鹅在这里停留"小住"。

为了吸引野生动物,白浪河湿地在开发时就很注重营造"筑巢"条件。相关部门邀请生态学专家进行科学规划,种植了吸引鸟类栖息的植物,建设时也保留了原有的芦苇、灌木等植被。湿地核心区严格控制亮度,避免灯光对野生动物栖息的干扰。河面结冰时,工作人员还会定期投放鸟食。

潍坊拥有丰富的湿地资源。近年来湿地建设工作做得好,于是吸引了很多野生鸟类前来"安营扎寨"。今年初,就有一百多只天鹅从潍坊经过并停留多日,而在以前,每次只有十几只到来。一些多年不见的鸟类开始出现,例如牛背鹭、黑鹳等;一些"旅鸟"也变成了"留鸟",成了"常住居民"。

（改编自齐鲁晚报）

小贴士

湿地广泛分布于世界各地，拥有众多野生动植物资源，与海洋、森林并称为地球三大生态系统。很多珍稀水禽的繁殖和迁徙都离不开湿地，因此湿地被称为"鸟类的乐园"。湿地有很强的生态净化作用，因而又被称为"地球之肾"。 为加强对湿地的保护和利用，1971年2月2日，来自18个国家的代表在伊朗南部海滨小城拉姆萨尔签署《湿地公约》。《湿地公约》常务委员会决定从1997年起将每年的2月2日定为世界湿地日。

生词 New words

1.	湿地	（名）	shīdì	wetland
2.	林业局		línyè jú	forestry bureau
3.	营造	（动）	yíngzào	to create; to build; to construct
4.	驻足	（动）	zhùzú	to stop
5.	派	（量）	pài	(used with "一"; measure word for scene, atmosphere, speech, etc.)
6.	迁徙	（动）	qiānxǐ	to migrate; to move
7.	生态学	（名）	shēngtàixué	ecology
8.	栖息	（动）	qīxī	to perch; to rest
9.	芦苇	（名）	lúwěi	reed
10.	灌木	（名）	guànmù	bush; shrub
11.	安营扎寨		ān yíng zhā zhài	to camp; to set up a temporary dwelling

专有名词 Proper names

1.	潍坊	Wéifāng	a city in Shandong province of China
2.	牛背鹭	niúbèilù	cattle egret
3.	黑鹳	hēiguàn	black stork
4.	白浪河	Báilànghé	a river in Weifang of Shandong province

学一学 Grammar

安营扎寨

"安"和"扎"都是"建立、安置"的意思;指军队或其他团体建立临时住地。文章里是比喻的说法。

(1) 据了解,一些毕业生在校园附近租房,"安营扎寨",一边打工,一边找工作。
(2) 改革开放以来,中国经济飞速发展,很多大型跨国公司都在北京、上海等大城市安营扎寨,加速了在中国发展的步伐。
(3) 各国的登山团队先后抵达珠穆朗玛峰,在巨大的冰川上安营扎寨,搭建起了五颜六色的帐篷。

练一练 Exercises

1. **选词填空**

    Choose the correct words

    (1) 卧室是人们睡觉休息的地方,因此怎样(建造　营造)一个温馨的气氛应该是设计的重点。
    (2) 几只天鹅正悠闲地在河中戏水,人们有的驻足欣赏,有的轻声细语,一(派　股)天然和谐。
    (3) 每到秋天大雁都要(迁移　迁徙)到温暖的地方,这是它们的常性。
    (4) 白浪河湿地在开发的时候,种植了吸引鸟类(栖息　休息)的植物。

2. **根据课文内容,回答问题**

    Answer these questions according to the text
    (1) 为什么一些多年未见的鸟类会再现山东潍坊?
    (2) 近来山东潍坊的野生鸟类有什么变化?
    (3) 白浪河湿地公园是如何吸引野生动物的?

难度:★★　　建议时间:3.5分钟　　字数:584

北京限行第二天:空气质量良好

2008年7月20日,北京全面实施奥运交通管制,所有车辆按照单双号行驶。当天,北京"鸟巢"上空蓝天白云。

北京市环保监测中心二十一日发布数据显示,从二十日北京实行机动车单双号限行至今天中午,空气质量良好,污染指数为六十五,北京收获了自七月一日以来的第二十个"蓝天"。

北京市环保监测中心专家表示,根据目前监测的情况,北京的空气质量一直处于良好状态,大气污染物浓度也有所下降,但污染物聚集和扩散的变化是需要一段时间和过程才可准确显现的。他说,北京还采取了企业减产、工地土方停工等综合应急措施,但仅从第一天的监测数据还很难说明问题。

北京市环保局副局长表示,第一天的单双号限行还无法准确反映到监测数据上,必须持续二十天时间才能得出准确结论。不过,根据去年"好运北京"测试赛的限行经验来看,单双号限行肯定有利于空气质量的改善。

据了解,自七月一日起,三十万辆高污染、高排放的黄标车禁止上路,外地车辆减少进京,而部分企业的奥运空气质量保障措施也在二十日之前相继实施,这已经使北京的大气污染物排放量有所降低。

据最新监测显示,在七月二十的一天时间里,与交通排放影响直接相关的一氧化碳下降了百分之十五,二氧化氮浓度下降了百分之二十七,可吸入颗粒物浓度下降了百分之二十四。

环保专家预测,北京实施单双号限行、黄标车禁行等措施后,机动车污染物排放总量将减少百分之六十三,在奥运期间削减污染物十一点八万吨。

(改编自《中国青年报》)

小贴士

"好运北京"测试赛就是按照国际奥委会的要求和北京的申办承诺,举办奥运会以前,比赛的时候正式使用的各个场馆都要举办一项体育赛事,对场馆的设施、技术系统、计划方案和保障能力等进行测试和检验。

生词 New words

1. 监测 (动) jiāncè　　to monitor
2. 浓度 (名) nóngdù　　concentration; consistency
3. 聚集 (动) jùjí　　to gather; to assemble

4. 扩散	（动）	kuòsàn	to spread
5. 应急	（动）	yìngjí	to meet an urgent need; to meet a contingency
6. 相继	（副）	xiāngjì	in succession; one after another
7. 一氧化碳	（名）	yīyǎnghuàtàn	carbon monoxide
8. 二氧化氮	（名）	èryǎnghuàdàn	nitrogen dioxide
9. 颗粒物	（名）	kēlìwù	particles
10. 削减	（动）	xuējiǎn	to cut down; to reduce

学一学 Grammar

处于……阶段/时期/状态/地位

常用搭配。

（1）由于长期处于疲劳状态,小王现在有点儿精神衰弱。
（2）在投资方面,我们还处于学步阶段,需要不断进步。
（3）如果不分青红皂白、一概拒绝向外国学习,中国就只能永远处于落后地位。

练一练 Exercises

1. **连线,组成短语**
   Match and form a phrase

   （一）　　　　　　　　　　　　（二）
   交通　　　结论　　　　　　应急　　　实施
   监测　　　管制　　　　　　相继　　　相关
   得出　　　数据　　　　　　直接　　　措施

2. **根据课文内容,判断正误（正确的画√,错误的画×）**
   Decide whether the following statements are true(√) or false(×) according to the text

   （1）从7月1日开始,北京就已经全面实施奥运交通管制了。
   （2）在七月的21天时间里,北京已经收获了20个蓝天。
   （3）由于北京的空气质量一直处于良好状态,大气污染物浓度也有所下降,因此污染物聚集和扩散的变化马上就可以准确显现。
   （4）北京市环保局副局长乐观估计单双号限行肯定有利于空气质量的改善。
   （5）7月11日,北京三十万辆高污染、高排放的黄标车还可以进城。
   （6）在七月的21天时间里,与交通排放影响直接相关的二氧化氮浓度下降了27%。

难度:★★★　建议时间:4分钟　字数:605

手机也可循环利用

即将废弃的旧手机应该如何处理?26日,全球著名手机制造商诺基亚在上海发布《2009年诺基亚可持续发展报告》,推广废弃手机"绿箱子环保计划",促进环保节能。

"手机是最好的'都市稀有金属矿'之一,体积虽小,却含有多种金属与非金属材料,颇有回收利用价值。"诺基亚环境事务高级经理说:"废弃手机中的材料可循环利用,比如提炼出来的铜可以做长号、圆号;不锈钢可制作开水壶;金、白金等材料可做配饰,如戒指、项链等;塑料则可再生制成塑料制品,如长椅、小栅栏等。"

现在手机更换的频率加快,但废弃手机大部分都"存"在家里,一方面是因为扔了觉得可惜,另一方面是因为不知道该怎样处理。

据诺基亚的调查显示,全球每年约有4亿部废旧手机,而在中国,更换手机的平均周期已由过去的三至五年缩短到18个月左右,每年会产生约2000万部的废旧手机。但全球仅有3%的人"绿色回收"他们的手机,而这个数字在中国仅为1%。同时,74%的消费者不知道废弃的手机和附件可以循环利用;44%的消费者将废弃手机存放在自家抽屉里。

诺基亚相关人士介绍,诺基亚在全球有13亿用户,如果每一位用户都回收一部废弃手机,就可以节约近8万吨的原材料。如果全球40多亿手机用户每人都能回收利用一部废弃手机,就能节约约32万吨原材料,并减少相当于500多万辆汽车一年排放的温室气体。

从2005年起,诺基亚发起了废弃手机"绿箱子环保计划",截至2009年年底,本计划已累计收集到150余吨废弃手机及附件,全部得到环保再生处理。

(改编自新华网)

电子垃圾是困扰全球环境的大问题,特别是发达国家。由于电子产品更新换代速度快,电子垃圾产生的速度更快。在保证对大气、地质、水源环境无污染的情况下,可对电子废弃物进行一定程度的回收与利用。

在中国文化中,"绿色"有很多象征意义,比如"绿色"象征希望、象征青春等,

"绿色"也象征环保,所以"绿色回收"一般说的是"对物品进行收回利用,而且这种收回利用活动不会污染环境"。

生词 New words

1. 可持续发展		kě chíxù fāzhǎn	sustainable development
2. 稀有金属		xīyǒu jīnshǔ	rare metal
3. 颇	（副）	pō	rather; quite; considerably
4. 循环	（动）	xúnhuán	recycle
5. 提炼	（动）	tíliàn	to refine
6. 铜	（名）	tóng	copper
7. 不锈钢	（名）	búxiùgāng	stainless steel
8. 白金	（名）	báijīn	platinum
9. 塑料	（名）	sùliào	plastic
10. 节约	（动）	jiéyuē	to save
11. 累计	（动）	lěijì	to add up

专有名词 Proper names

诺基亚	Nuòjīyà	Nokia

 学一学 Grammar

1. 颇

表示程度比较深。
(1) 一些整形外科医生的收入颇丰。
(2) 他的嘴很甜,很会哄人,颇受老年人的欢迎。
(2) 这个人在中国历史上颇有影响力。

2. 节约 VS 节省

"节约"强调不铺张、不奢侈,该用的才用,使用范围比较广,可用于重大、庄重的场合。
"节省"的意义重在"省",意思是尽量少用或者不用,多用于一般场合。
(1) 为了节约用水,废水应该循环利用。
(2) 房地产开发商用活动房做样板间,既方便又节约成本。
(3) 有些小区采用了房顶绿化,不但环保美观,而且也节省空间。
(4) 冬季通过冰道运输木材,能够节省人力物力。

练一练 Exercises

1. 选词填空
   Choose the correct words

   颇　　提炼　　节约　　累计

   （1）从石油中可以_____出汽油、煤油等多种产品。
   （2）虽然我们的生活比以前好了,但是还是要勤俭_____。
   （3）他的话听起来_____有道理。
   （4）这本杂志很受欢迎,五年来_____发行175000册。

2. 给下面的句子排列顺序
   Arrange the following sentences in the correct order

   （1）就会减少相当于500多万辆汽车一年排放的温室气体。
   （2）在中国,如今人们更换手机的平均周期是18个月左右。
   （3）同时,74%的消费者不知道废弃的手机和附件可以被循环利用。
   （4）也就是说,每年会产生约2000万部的废旧手机。
   （5）要是全球40多亿手机用户每人都能回收利用一部废弃手机的话。
   （6）可是只有1%的人"绿色回收"他们的手机。

   _____→_____→_____→_____→_____→_____

难度：★★★★　　建议时间：4分钟　　字数：615

迷人的可可西里

　　可可西里,蒙古语意为"美丽的少女",位于青藏高原西北部,面积达8.3万平方公里,周边大部分是少数民族地区。

　　可可西里气候<u>严酷</u>,自然条件<u>恶劣</u>,人类无法长期居住,被称为"世界第三极"、"生命的禁区"。可可西里无人区,居世界第三位,是中国最大的一片无人区,受人类活动干扰较少,大部分地区仍保持着原始的自然状态,是目前世界上原始生态环境保存最完美的地区之一,也是最后一块保留着原始状态的自然之地。这片无人区周围没屏障,地势高峻,平均海拔高度在5000米以上,年平均气温在-4℃以下,最低温度达-40℃;常年大风,最大风速可达20米/秒~28米/秒,烧开水的沸点只有80多度。

　　这里虽然气候恶劣,但是却给高原野生动物创造了<u>得天独厚</u>的生存条件,成为"野生动物的乐园"。野牦牛、藏羚羊、棕熊等青藏高原上特有的野生动物使这位少女更加<u>妩媚</u>动人。有资料显示,可可西里目前是中国动物资源比较丰富的地区之一,拥有的野生动物多达二百三十多种,

其中属国家重点保护的一二类野生动物就有二十余种。

藏羚羊,被称为"可可西里的骄傲",我国的特有物种,国家一级保护动物,是严禁贸易的<u>濒危</u>动物。"藏羚羊不是大熊猫。它是一种优势动物。只要你看到它们<u>成群结队</u>在雪后初霁的地平线上涌出,<u>精灵</u>一般的身材,飞翔一样的跑姿,你就会相信,它能够在这片土地上生存数千万年,因为它是属于这里的。它不是一种自身濒临灭绝、适应能力差的动物。"只要你不去管它,它自己就能活得好好的。"一位去过可可西里的人士这样说。

为了更好地保护藏羚羊等珍稀野生动物和可可西里的生态环境,国家建立了国家级可可西里自然保护区。社会各界也积极参与和支持政府保护生态环境和濒危物种的行动,使可可西里藏羚羊及其生存环境的保护取得了明显的成绩。

生词 New words

1.	严酷	(形)	yánkù	harsh; cruel
2.	恶劣	(形)	èliè	disgusting; bad
3.	屏障	(名)	píngzhàng	barrier
4.	高峻	(形)	gāojùn	high and steep
5.	沸点	(名)	fèidiǎn	boiling point
6.	得天独厚		dé tiān dú hòu	enjoy great natural advantages
7.	妩媚	(形)	wǔmèi	(of a woman) charming; lovely
8.	濒危	(动)	bīnwēi	to be endangered
9.	成群结队		chéng qún jié duì	to form a group or a team
10.	霁	(动)	jì	to clear up after rain or snow
11.	精灵	(名)	jīnglíng	spirit

专有名词 Proper names

藏羚羊	zànglíngyáng	Tibetan antelope
牦牛	máoniú	yak
棕熊	zōngxióng	brown bear

学一学 Grammar

1. 得天独厚

"天"的意思是"天然、自然","厚"的意思是"优厚"。意思是具有特别好的自然条件;也指所处的环境或者具有的条件非常好。

(1) 黑人的四肢身高比大于其他人种,有人说黑人具有从事田径运动得天独厚的条件。

(2) 西藏具有独特的自然地理环境和人文环境,发展旅游业有得天独厚的自然优势。

(3) 在人才、市场、资本等产业资源方面,厦门的条件和潜在优势得天独厚。

2. 成群结队

形容人或动物很多,自然地聚集在一起。

(1) 在某湿地公园上百只天鹅成群结队地栖息在水草里。

(2) 莫斯科的每天中国饭店都有卡拉OK单间,一到晚上,中国人成群结队地聚集在那儿,喝酒唱歌。

(3) 有人在昆仑山野牛沟看到了近千头的野牦牛,有单头游走的,也有成群结队的,有的野牛群在300头以上。

练一练 Exercises

1. 选词填空

Choose the correct words

(1) 在那样_____的环境下能够存活下来可真是不容易。

(2) 小丽穿着一件素缎的旗袍,显得_____动人。

(3) 斑点猫头鹰是一种面临生存危险的物种,但还不是一种的_____物种。

(4) 燕山是北京的天然_____。

(5) 洋洋在台上狂舞时,就像一个活跃的小_____。

2. 根据课文内容,选择正确答案

Choose the correct answer according to the text

(1) 可可西里被誉为"世界第三极"的原因是( )
　　A. 可可西里位于青藏高原西北部。
　　B. 可可西里周边大部分都是少数民族地区。
　　C. 可可西里气候严酷,自然条件恶劣,人类无法长期居住。
　　D. 可可西里受人类活动干扰较少,大部分地区仍保持着原始的自然状态。

(2) 可可西里的野生动物其中属国家重点保护的一、二类野生动物有( )。
　　A. 230多种　　B. 200多种　　C. 30多种　　D. 20多种

(3) 下面关于可可西里的说法,不正确的是( )。
　　A. 可可西里是中国最大的一片无人区。
　　B. 可可西里是野生动物的乐园。
　　C. 可可西里虽然年平均气温比较低,但是从来不刮风。
　　D. 在可可西里水烧到80℃就开了。
(4) 下面关于藏羚羊的说法,正确的是( )。
　　A. 除了中国以外,别的国家都没有藏羚羊。
　　B. 藏羚羊喜欢独居,从来不成群结队。
　　C. 在中国可以自由买卖藏羚羊。
　　D. 藏羚羊是一种适应能力差的动物。

难度:★★★★　建议时间:4.5分钟　字数:688

海洋环境污染治理形势严峻

　　李中是中国南部广东省湛江市的一名水产养殖户,用网箱在当地近海养殖经济鱼类是他赖以谋生的手段。2005年夏日的一天,一场巨大的灾难降临在他头上。几天之内,李中养殖的鱼死得干干净净,几万元人民币的预期收入打了水漂。当地的其他水产养殖户均遇到了同样的不幸。这场灾祸的罪魁祸首是一种称为"红色幽灵"的海洋灾害——赤潮。它是因陆地上向海洋排放污染物,导致海水中营养物质过多,微生物爆发性繁殖引起水体变色而产生的有害生态现象。赤潮生物会分泌出黏液,粘在鱼的鳃上,导致鱼窒息死亡。这一年,中国近海发生了80多次类似的赤潮灾害,造成的经济损失近7000万元人民币。

　　目前中国近岸海域许多地区正饱受陆源污染物向海洋排放之苦。陆源污染物排放严重,导致我国河(流入海)口、海湾和湿地等典型生态系统健康状况每况愈下。排海污水中的高浓度营养盐,导致海域水体富营养化,造成大面积赤潮频发。同时,陆源污染物超标排海对珊瑚礁等生态系统也构成了严重威胁。

　　据统计,近5年来,中国陆源污染物排海量持续增加。去年中国陆源排放污水总量超过317亿吨,比2000年增加96亿吨,八成以上的入海排污口超标排放污染物。

　　严重的海洋污染引起了中国环保部门及沿海各地的高度关注。不少地区已积极采取控制污染物排放、严查海上污染等措施,以减轻海洋的受污染程度。由于污染处理设施缺乏、环保意识落后以及一些企业的不法行为,中国目前还无法做到对污染物进行百分之百的处理。今后中国政府需要进一步加大对污水处理设施的投入,并处罚违法排污的个人和企业,逐步减少陆上污染物向海洋排放;同时,还需要加大对海洋污染治理的人力和物力投入,努力缓解海洋污染对人们生产和生活环境的不利影响。

(改编自国际在线)

海洋的污染主要发生在靠近大陆的海湾,目前海洋污染主要表现为石油污染、赤潮、有毒物质累积、塑料污染和核污染等几个方面,中国的渤海湾、黄海、东海和南海的污染状况比较严重。

营养盐是海洋学上的一个术语,传统上一般只指氮、磷、硅等元素。营养盐是海洋浮游植物生长繁殖所必需的成分,它在海水中的含量分布对海洋生物活动的影响比较明显。

生词 New words

1. 治理	（动）	zhìlǐ		to govern; to manage
2. 严峻	（形）	yánjùn		severe; rigorous
3. 养殖	（动）	yǎngzhí		to breed; to cultivate
4. 赖以	（动）	làiyǐ		to rely on; to depend on
5. 罪魁祸首		zuì kuí huò shǒu		chief culprit
6. 幽灵	（名）	yōulíng		ghost
7. 赤潮	（名）	chìcháo		red tide
8. 分泌	（动）	fēnmì		to secrete
9. 鳃	（名）	sāi		gill
10. 窒息	（动）	zhìxī		to suffocate
11. 每况愈下		měi kuàng yù xià		steadily deteriorate
12. 富营养化		fùyíngyǎnghuà		eutrophication
13. 珊瑚礁	（名）	shānhújiāo		coral reefs
14. 处罚	（动）	chǔfá		to punish; to penalize

学一学 Grammar

1. ……打了水漂

比喻白白地付出了却没有收获。

(1) 李女士在网上购物遇到了骗子,几千块钱打了水漂。

(2) 这个地区投入了大量的财力来治理水污染,但是效果不明显,难道纳税人的钱就这么打了水漂却没有人来承担责任吗?

2. 罪魁祸首

"魁"、"首"的意思都是"首要分子";意思是作恶犯罪造成祸害的首要分子,也可以指灾祸的主要原因。

(1) 在老王看来,战争是破坏传统文化的罪魁祸首。

(2) 交通事故的罪魁祸首是超速驾驶、酒后开车等。

(3) 气温低不是易得感冒的原因,其实感冒的罪魁祸首是病毒。

3. 饱受……之苦

常用搭配,表示多次遭受某一困扰或苦难。

(1) 据环保部门相关人士介绍,该市已经连续几年饱受冬季空气污染之苦,今年也不例外。

(2) 这个国家的人民已经饱受五年的战争之苦,他们希望能有权利享受和平。

(3) 这家企业位于边远山区,企业生产和职工生活饱受交通不便之苦,该公司选择了交通便利的地区进行迁建。

4. 每况愈下

表示情况越来越差。

(1) 由于地表水和地下水受到污染,这个地区的水质每况愈下,持续恶化。

(2) 近年来,经济衰退一直影响着这个国家的采矿业,矿工生活每况愈下。

(3) 国家开放粮食市场以后,玉米价格每况愈下,一年不如一年。

练一练 Exercises

1. 选择合适的词替换画线部分

Select the appropriate word to replace the underlined portion

(1) 农民<u>依靠</u>(依赖 赖以)生存的土地就这样被污染毁掉了。

(2) 她的病情越来越<u>严重</u>(每况愈下 罪魁祸首),恐怕治不好了。

(3) 赤潮生物分泌出来的黏液,粘在鱼的鳃上,会导致鱼因为<u>缺少氧气</u>(窒息 休息)而死亡。

(4) 几天之内,李中养殖的鱼死得干干净净,几万元人民币的预期收入<u>就这样没了</u>(打了水漂 掉进水里了)。

2. 根据课文内容，回答问题

　　Answer these questions according to the text

　　（1）2005年的夏天，李中遇到了一场什么灾难？
　　（2）什么是赤潮？它会带来什么结果？
　　（3）为了减轻海洋的受污染程度，一些地区采取了什么措施？
　　（4）为什么目前中国政府还无法对海洋污染物做到100%的处理？
　　（5）对于如何处理海洋污染物，作者有什么建议？

 Key words extended

营造	应急	节约	恶劣	处罚
营造气氛	应急灯	节约时间	品质恶劣	进行处罚
营造良好的学习环境	应急计划	节约开支	态度恶劣	严加处罚
营造健康的生活环境	应急办法	节约成本	手段恶劣	遭受处罚
营造良好的人际氛围	应急状态	提倡节约	行为恶劣	处罚罪犯

猜一猜 Guess

　　为什么太阳每天都起得比人早？

现在是春天

　　在新闻发布会上，某国总统宣布，他感到全球变暖正在以惊人的速度发生。话还没说完，他的一名助手把他拉到一边，解释说，现在是春天。

It's Springtime Now

At a press conference, President of some country announced that he is surprised at how quickly global warming is happening. Then one of his aides pulled him aside and explained that it was just springtime.

（改编自http://wenwen.soso.com/z/q162704559.htm）

在哪儿见过? Where have you ever seen these pictures?

1. 这是北京街头交通卡的宣传广告,它以环保为主题,倡导人们少开车多乘坐公共交通工具。

2. 中国大城市的街道上到处都是分类回收垃圾的垃圾桶。

3. 这是贴在社区告示栏中的关于什么是"可回收物"的宣传画。

4. 这是一家药店的关于店内塑料袋价格的告示贴。鉴于购物袋已经成为"白色污染"的主要来源,自2008年6月1日起,中国政府规定在超市、商场等商品零售场所实行塑料购物袋有偿使用制度,这些地方都不能免费提供塑料购物袋。

答案 Key to the exercises

星期一
1.（1）营造　（2）派　（3）迁徙　（4）栖息
2.（1）林地面积增加,环境改善,湿地建设得好,植物增多,适宜鸟儿生存的地方多了起来。
　（2）潍坊野生鸟类达到了306种,比原来增加了8种。不仅鸟的种类增加了,而且鸟的数量也增加了很多,超过了10%。
　（3）邀请生态学专家进行科学规划,种植吸引鸟类栖息的植物,保留原有的芦苇、灌木等植被。湿地核心区严格控制亮化,避免灯光对野生动物栖息的干扰。河面结冰时,工作人员还会定期投放鸟食。

星期二
1.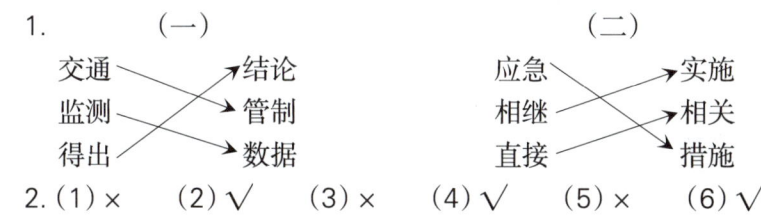

2.（1）×　（2）√　（3）×　（4）√　（5）×　（6）√

星期三
1.（1）提炼　（2）节约　（3）颇　（4）累计
2.（2）→（4）→（6）→（3）→（5）→（1）

星期四
1.（1）恶劣　（2）妩媚　（3）濒危　（4）屏障　（5）精灵
2.（1）C　（2）D　（3）C　（4）A

星期五
1.（1）赖以　（2）每况愈下　（3）窒息　（4）打了水漂
2.（1）几天之内,李中养殖的鱼死得干干净净,几万元人民币的预期收入打了水漂。
　（2）它是因陆地上向海洋排放污染物,导致海水中营养物质过多,微生物爆发性繁殖引起水体变色而产生的有害生态现象。赤潮生物会分泌出粘液,粘在鱼的鳃上,导致鱼窒息死亡。
　（3）一些地区已经积极采取了控制污染物排放、严查海上污染等措施。
　（4）污染处理设施缺乏、环保意识落后以及一些企业的不法行为。
　（5）今后中国政府需要进一步加大对污水处理设施的投入,并处罚违法排污的个人和企业,逐步减少陆上污染物向海洋排放;同时,还要加大对海洋污染治理的人力和物力投入,努力缓解海洋污染对人们生产和生活环境的不利影响。

玩转周末
　因为人睡得比太阳晚。

第五周

北京古玩城

难度：★★★　　建议时间：3分钟　　字数：526

北京古玩城——古玩收藏爱好者的天堂

世界上有许许多多的古玩商店、古玩市场，像中国香港的摩罗街、巴黎的跳蚤市场、洛杉矶比华丽大街等，北京古玩城是当今世界规模最大、物品最丰富，也最能吸引古玩爱好者眼球的室内古玩市场。

北京古玩城建筑格局古朴典雅，具有鲜明的中国民族特点，是收藏爱好者节日游的首选观光淘宝胜地。古玩城里古旧陶瓷、中外书画、玉器骨雕、金银铜器、古旧家具、古旧地毯、古旧钟表、珠宝钻石等一应俱全，品种万千，一定会让您看个够。北京古玩城常定期举办各种古玩艺术品精品的展览、拍卖和古玩知识讲座等活动。有一月民俗文化节、五月拍卖周、十月博览会等文化交流活动，内外兼修，极力打造中国首座可触摸的博物馆，让来古玩城的每一个人都能学习古玩知识、了解古玩、爱护古玩、保护古玩。真可谓是古玩爱好者的天堂！

最佳消费时段是下午2点到下午4点。北京古玩城是喜爱古玩收藏的朋友必到的地方，至于能否淘到中意的宝贝，那完全看您的眼力如何了。

如果您想要看到真正的古董文物，那么古玩城海外文物回流厅的传世国宝您一定不能错过，这些宝贝会给您艺术和心灵的震撼。

对于大部分老百姓来说，古董收藏那是可望而不可即的事，即使有那钱，也不一定有那专业的知识和眼光，所以，可以抱着参观博物馆的态度来古玩城，也是一次心灵的文化之旅。

（改编自华夏收藏网）

除了北京古玩城，你还可以去潘家园古玩市场、什刹海古玩市场、琉璃厂、京西古玩市场、北京红桥古玩市场等。

生词 New words

1. 古玩	（名）	gǔwán	antique
2. 淘	（动）	táo	to search for; to seek
3. 胜地	（名）	shèngdì	famous scenic spot
4. 陶瓷	（名）	táocí	ceramics (or pottery and porcelain literally)
5. 展览	（动）	zhǎnlǎn	to exhibit; to display; to show
6. 拍卖	（动）	pāimài	to auction
7. 震撼	（动）	zhènhàn	to shock

学一学 Grammar

1. 可望而不可即

表示能望见，但达不到或不能接近。常比喻目前还不能实现的事物。

（1）对于刚毕业的大学生来说，北京的房价是可望而不可即的。

（2）住着别墅，吃着龙虾，打着高尔夫，这种生活是一般中国平民老百姓可望而不可即的。

（3）他在公司的地位是我可望而不可即的。

2. 抱着……的态度

常用搭配。

（1）我抱着试试看的态度买了一瓶，没想到效果特别好。

（2）他对任何事情都抱着坚定的态度。

（3）他总是抱着乐观的态度去做每一件事。

练一练 Exercises

1. 仿照例子，做词语接龙游戏
According to the examples, play word by word games
例如：邀请——请假——假期——期末——末尾
（1）胜地
（2）拍卖

2. 根据课文内容，回答问题
Answer these questions according to the text
（1）文章提到了哪些古玩城？当今世界规模最大、物品最丰富的室内古玩城是哪儿？
（2）什么时间去北京古玩城最好？
（3）如果想要看到真正的古董文物，应该去北京古玩城的哪个地方？

难度：★★★　　建议时间：3.5分钟　　字数：558

"南张北齐"——中国近现代画坛最杰出的国画大师

　　齐白石和张大千是中国近现代画坛当之无愧的艺术大师，也是中国画家中享有国际盛誉的艺术名家。假如缺少了他们，近现代美术史将会失去最璀璨的色彩。作为中国画坛的两大宗师，他们并驾齐驱，形成了中国画的两座大山，被人们称为"南张北齐"。

　　齐白石出生在一个贫苦农民的家庭，是典型的大器晚成者。只读过一年书，后来学习木工及雕刻，27岁时才正式拜师学习诗文书画。在他的笔下，大凡花鸟虫鱼、山水人物无一不精，无一不新，为现代中国绘画史创造了一个质朴清新的艺术世界。香港和纽约市场，每年固定拍卖齐白石作品，他是作品拍卖最多的现代画家。在香港市场，他的最新价格大约是30~100万港元，较高价格是1989年创造的，达120万港元。

　　张大千出生在一个很有文化底蕴的富商家庭，他是一位天才的画家，人物、山水、花卉、工笔、写意以及诗词歌赋、音乐戏曲无所不能、无所不精。他的画作，早年是以黄金计价的。30年代的两次画展的售价都在几千两黄金以上。从最近20年的国际书画市场走向来看，张大千一直是引领中国书画市场的龙头股，张大千的画价提高，其他画家的价格也随之上涨。难怪徐悲鸿赞誉他："五百年来

第一人。"

　　让后人无法抗衡的是,齐白石和张大千都是高寿的艺术家,并且精力充沛得超出常人。齐白石享年94岁,作画万余幅,直到去世的前两天才搁下了画笔。张大千享年85岁,作画数千幅,多是精品巨幅。

（改编自李长三的博客）

小贴士

徐悲鸿（1895—1953）,是中国现代美术事业的奠基者,杰出的画家和美术教育家,他画的奔马几乎成了现代中国画的象征和标志。

生词 New words

1. 享有	（动）	xiǎngyǒu	to possess; to enjoy (prestige, rights, etc.)
2. 盛誉	（名）	shèngyù	great fame; high reputation
3. 璀璨	（形）	cuǐcàn	[Formal] bright; resplendent
4. 大器晚成		dà qì wǎn chéng	Great minds mature slowly.
5. 木工	（名）	mùgōng	a carpenter; a woodworker
6. 质朴	（形）	zhìpǔ	simple and unadorned; plain
7. 底蕴	（名）	dǐyùn	[Formal] inside information
8. 工笔	（名）	gōngbǐ	traditional Chinese realistic painting
9. 写意	（名）	xiěyì	freehand brushwork in traditional Chinese painting
10. 抗衡	（动）	kànghéng	to match
11. 充沛	（形）	chōngpèi	plentiful; abundant
12. 享年	（名）	xiǎngnián	[Formal] to have lived (so many stated years)

学一学 Grammar

1. 当之无愧

表示当得起某种称号或荣誉,没有必要感到惭愧。
(1) 他是中国法学界当之无愧的领袖。
(2) 美国是当今世界当之无愧的头号科技强国。
(3) 浙江是当之无愧的民营经济大省。

2. 并驾齐驱

比喻彼此的力量或才能不分高下。
(1) 俄罗斯和美国在发射载人宇宙飞船去火星的研制方面,可以说是并驾齐驱,不相上下。
(2) 绘图文字和口头语言很可能是并驾齐驱发展起来的。
(3) 人们往往认为爱情和事业是并驾齐驱的。

3. 大凡

常用于句首表总结。
(1) 大凡酒后开车的都容易出车祸。
(2) 大凡成功之士都有一套自己的处事原则。
(3) 大凡知道他性格的人,都不会因他的直爽而生气。

练一练 Exercises

1. 根据课文内容,判断正误(正确的画√,错误的画×)
   Decide whether the following statements are true(√) or false(×) according to the text
   (1) "南张"指的是张大千,"北齐"指的是齐白石。
   (2) 齐白石和张大千是中国古代画坛当之无愧的艺术大师。
   (3) 张大千出生在一个贫苦农民的家庭,是典型的大器晚成者。
   (4) 齐白石的画作解放前是以黄金计价的。
   (5) 张大千被徐悲鸿赞誉为"五百年来第一人"。
   (6) 齐白石和张大千都是高寿的艺术家,并且精力充沛得超出常人。
   (7) 齐白石一直是引领中国书画市场的龙头股。
   (8) 张大千享年98岁,作画数千幅,多是精品巨幅。

2. 根据课文内容，完成表格
Complete the form according to the text

人物	相同点	不同点
齐白石		
张大千		

难度：★★★　　建议时间：4分钟　　字数：591

故宫微博粉丝超百万

"这里，有你想知道却不曾了解的故宫；这里，有最新鲜、最及时、最给力的故宫。"微博开通17天，粉丝超过158万。创造如此人气的不是哪位明星大腕，也不是网络红人，而是大伙儿印象中古老庄严的故宫。

男，家住北京市东城区——这是故宫在腾讯微博首页上的自我介绍。

藏品介绍、古建筑里的故事、皇帝的日常生活……故宫微博每天更新4条以上，内容不定，语言风格也不定，有时深沉儒雅，有时诙谐幽默。碰到网友提出的古怪问题，"他"不急不恼，语气淡定。不少网友表示这是自己见过的"最可爱的官方微博"。

故宫微博的博主是一个3人团队，两男一女，他们都是故宫博物院办公室负责公共信息方面的工作人员，热爱网络是他们的共同特征。博主王星介绍说，微博保证每天都更新，但没有条数方面的指标，内容也比较随意。出差在外时，他们会用笔记本电脑或手机更新微博。因为曾学过相关的专业，遇到网友提出的一般性问题时，他们能轻松作答，但偶尔有专业问题时，只能向故宫的专家团队求助。

昨日，故宫博物院新闻发言人李强表示，据统计，故宫微博粉丝日访问量最高达到40万，相当于故宫11天的游客数量。他表示，故宫作为世界性博物馆和旅游景点，本身就具有关注度，网友们亲切地将故宫称为"故故"和"宫哥"。现在，网友对故宫微博的感受尚处于新鲜期，等新鲜劲儿过去，挑刺时代就该到了。"我们已经做好了准备。"李强说。今后，故宫微博将增加服务信息，及时发布展览和参观路线信息。

（改编自《法制晚报》）

小贴士

2010年,微博成为吸引大众文化的新风尚,全国微博用户超过6500万,这一年也称为中国互联网的"微博元年"。微博用户通过网络、短信或彩信发布140字以内的短消息,快捷、创新的沟通方式吸引着越来越多的"名人明星"和"网络草根"加入,成为一道亮丽的文化风景。

生词 New words

1.	及时	(形)	jíshí	timely
2.	给力	(形)	gěilì	brilliant
3.	微博	(名)	wēibó	microblog
4.	粉丝	(名)	fěnsī	fans
5.	大腕	(名)	dàwàn	star; headliner
6.	庄严	(形)	zhuāngyán	solemn
7.	深沉	(形)	shēnchén	(of degree) deep
8.	儒雅	(形)	rúyǎ	refined; graceful
9.	诙谐	(形)	huīxié	funny; humorous; witty
10.	淡定	(形)	dàndìng	calm
11.	博主	(名)	bózhǔ	blogger
12.	指标	(名)	zhǐbiāo	index
13.	随意	(形)	suíyì	random; at will
14.	更新	(动)	gēngxīn	to update
15.	挑刺		tiāo cì	find fault with

学一学 Grammar

尚

表示还,仍然。

(1) 他一直在生病,尚不能工作。

(2) 他还在读大三,尚未毕业。

(3) 不可否认,人们的确在这方面取得了一些成绩,但要说总体性的突破可能尚为时过早。

 Exercises

1. 找出下面句子中的反义词
   Find out the antonyms in the following sentences
   （1）幸亏你及时通知我，要是再延迟几天就坏了。（　　）
   （2）你们随意，不要拘谨。（　　）
   （3）无论遇到什么事他总是很淡定，一点也不慌张。（　　）
   （4）他的课上得很诙谐，一点也不沉闷。（　　）

2. 选词填空
   Choose the correct words

   随意　　淡定　　更新　　及时　　挑刺

   （1）无论遇到什么事，他总是很从容，很_____。
   （2）我的博客已经很久没有_____了。
   （3）如果学校有什么事，请你_____通知我。
   （4）他不允许父母_____进他的房间。
   （5）他竭力讨好她，但她总爱_____。

难度：★★★★　　建议时间：4分钟　　字数：527

京剧遗产"遭遇"创意时代

2010年，对京剧来讲，是不平凡的一年，11月16日，中国京剧入选"人类非物质文化遗产代表作名录"。从传统艺术到世界遗产，京剧的历史翻开新的一页。如何让京剧文化在创意时代传承并延续，是我们今天必须思考的问题。

在中国戏曲浩如繁星的剧种中，京剧历史并不悠久，但影响非常大。京剧堪称是中国传统文化集中、深刻和有魅力的具体显示，200年来，京剧在人们的印象中一直是融唱、念、做、打于一体的表演艺术。申遗成功使京剧迎来新的历史，从此京剧不仅仅是一种表演艺术，更是一项文化遗产，一种文化使命和文化责任。

如果说京剧申遗成功对京剧来说是个福音，那么最重要的是，申遗使我们获得了对京剧变革进行认真总结和反思的机会。京剧进入人类非物质文化遗产代表作名录并不是存入博物馆，更不等于进了保险箱，从此就可以束之高阁，万事大吉。今天的时代是一个不断推陈出新的创意时代，对文化遗产更需要在创新中传承和保护。

　　现在京剧的观众少,尤其是青年观众少,并不是因为京剧艺术不好,最根本的原因是缺乏好戏。京剧的传承与创新包括三个部分:改编传统戏、新编历史剧和现代戏,特别是后者,是京剧发展的一个重要支撑。京剧的艺术程式主要是在表现题材中形成的,如何突破传统程式使之运用于现代题材,这是京剧发展必须面对的课题。

（改编自人民网）

小贴士

京剧的传统剧目约有一千个,常演的约有三四百个,其中除来自徽剧、汉剧、昆曲与秦腔者外,也有相当数量是京剧艺人和民间作家陆续编写出来的。京剧较擅长于表现历史题材的政治和军事斗争,故事大多取自历史演义和小说话本。唱、念、做、打是京剧表演的四种艺术手段,也是京剧表演的四项基本功。

生词 New words

1. 平凡	（形）	píngfán	ordinary
2. 传承	（动）	chuánchéng	to pass on
3. 堪称	（动）	kānchēng	can be rated as
4. 福音	（名）	fúyīn	[Figurative] glad tidings; good news
5. 变革	（动）	biàngé	to transform; to change; to reform
6. 束之高阁		shù zhī gāo gé	to lay aside and neglect
7. 推陈出新		tuī chén chū xīn	to weed through the old to bring forth the new
8. 支撑	（动）	zhīchēng	to sustain; to carry; to hold
9. 程式	（名）	chéngshì	pattern

补充词语 Added words

人类非物质文化遗产代表作名录
rénlèi fēi wùzhì wénhuà yíchǎn dàibiǎozuò mínglù
Representative List of Human Intangible Cultural Heritage

学一学 Grammar

1. 浩如繁星

表示数量很多。

（1）很多家长表示，面对市面上浩如繁星的童书，不知如何挑选。

（2）中国绿茶品种可谓浩如繁星，名品就有西湖龙井、洞庭碧螺春、黄山毛峰、信阳毛尖、双龙银针等等不下百种。

（3）当今时代，信息资源可谓浩如繁星。

2. 融……于一体

常用搭配。

（1）这片地将建成融休闲、观光、娱乐、购物等多种功能于一体的大型度假村。

（2）天津高新技术开发区将建成融科技、经济、商务和生活等于一体的现代城区。

（3）这部电影的主题曲融通俗、民族、美声的唱法于一体。

练一练 Exercises

1. 选择并完成句子

Choose and complete the following sentences

（1）在中国戏曲浩如繁星的剧种中，京剧历史并不悠久，_____。

　　A. 所以影响非常大　　　　B. 但影响非常大

（2）现在京剧的观众少，尤其是青年观众少，_____，最根本的原因是缺乏好戏。

　　A. 是因为京剧艺术不好　　B. 并不是因为京剧艺术不好

（3）申遗成功使京剧迎来新的历史，从此京剧不仅仅是一种表演艺术，_____。

　　A. 更是一项文化遗产　　　B. 而是一项文化遗产

2. 根据课文内容，选择正确答案

Choose the correct answer according to the text

（1）关于"京剧"下面哪一个是错的？

　　A. 京剧历史并不悠久，但影响最大、普及最远。

　　B. 京剧是融唱、念、做、打于一体的表演艺术。

　　C. 现在京剧的观众少，尤其是青年观众少，并不是因为京剧艺术不好。

　　D. 京剧进入人类非物质文化遗产代表作名录就是存入博物馆，进了保险箱。

（2）下面哪一个不是京剧的传承与创新的方法？

　　A. 新编传统戏　　　　　B. 改编传统戏

　　C. 新编历史剧　　　　　D. 新编现代戏

难度:★★★★　　建议时间:4.5分钟　　字数:594

农村老手艺走进国家艺术殿堂

柳条筐、中国结、绣花荷包、民间年画……4000件出自地地道道农民之手的手工艺品走进了国内最高美术殿堂——中国美术馆。1月19日,由山东工艺美术学院院长李远生主持的《手艺农村——山东农村文化产业调研成果展》在北京落下帷幕,为期10天的展览,围绕手艺主题,通过实物、文献、手艺人现场演示等形式,带来了潍坊杨家埠年画、临沂柳编、红花乡中国结、曹县桐杨木艺、鄄城土布、巨野农民工笔画等民间奇迹。这些手艺品的作者全都是地地道道的农民。

展厅内,一件件柳编的时尚台灯、钟表、坐墩、屏风,时尚的造型和材料令人欣喜,这些颇具创意的设计来自山东工艺美术学院的师生,而作品却都出自祖祖辈辈靠柳条编筐为生的农民之手;传统的鄄城土布已不仅仅用作床单窗帘,而化身为手机套、手包。还有古老风车样式的桐木书架、风筝造型的头饰、红红的中国结……这些经过精心设计、用料天然的手艺品,凝聚着大学生们、农民制作者巧手的余温。

展览中,有一面照片墙,150张照片展示了150位农村手艺人劳作时的双手:有的在雕刻桐杨木,有的在创作年画,有的在编织柳编,有的在编织中国结……在这些手中,一件件手工制品奇迹般地完成了。

"大家熟知的中国结,作为中国传统女红结艺,长期以来靠母女相传,世代相承。"李远生介绍,红花乡作为中国结的主要产地,其生产形式是"经销公司+中间人+农户"。通过中间人给农民放活儿,发原料和工具。农民在家编结生产,不用出来打工,一家人其乐融融。

(改编自雅昌艺术网)

左图是柳编。柳编是中国民间传统手工艺品之一。在古代人们只是作为普通的日常实用品,直到20世纪后几十年才逐渐成为手工艺品。

生词 New words

1. 柳条筐		liǔtiáo kuāng	wicker basket
2. 荷包	（名）	hébāo	small bag (for carrying money and odds and ends); pouch
3. 年画	（名）	niánhuà	New Year picture
4. 殿堂	（名）	diàntáng	palace hall
5. 调研	（动）	diàoyán	to research
6. 文献	（名）	wénxiàn	documents
7. 坐墩	（名）	zuòdūn	pedestal
8. 屏风	（名）	píngfēng	screen
9. 凝聚	（动）	níngjù	to condense; to agglomerate
10. 雕刻	（动）	diāokè	to carve; to sculpture

专有名词 Proper names

1. 杨家埠	Yángjiābù	name of a city in Shandong Province
2. 临沂	Línyí	name of a city in Shandong Province
3. 红花乡	Hónghuā Xiāng	name of a countryside in Shandong Province
4. 曹县	Cáoxiàn	name of a county in Shandong Province
5. 鄄城	Juànchéng	name of a county in Shandong Province
6. 巨野	Jùyě	name of a county in Shandong Province

学一学 Grammar

1. 靠……为生

常用搭配,表示依靠……生活。

（1）他们靠打鱼为生。

（2）他靠写作为生。

（3）已经连续三个月没有下雨了,对于靠务农为生的人来说,这是很大的灾害。

2. 其乐融融

形容十分欢乐、和睦。

（1）春节期间,老同学聚会,大家有说有笑,其乐融融。

（2）在游戏环节,老师和学生们一起在春日的阳光下踢足球、踢毽子、跳绳,其乐融融,欢声一片。

（3）如果宝宝在家中经常能听到其乐融融的笑声,看到爸爸妈妈温馨的笑脸,也能潜移默化地影响孩子,帮助他了解到,微笑是一种更好的语言。

练一练 Exercises

1. 连线

Match

（一）

临沂　　　中国结
红花乡　　桐杨木艺
曹县　　　柳编

（二）

鄄城　　　工笔画
巨野　　　年画
杨家埠　　土布

2. 选择合适的词替换画线部分

Select the appropriate word to replace the underlined portion

(1) 他一连好几个小时呆在图书馆里仔细翻阅古今一切<u>社会史料</u>的（文献　文章）资料。

(2) 这部作品<u>聚集</u>（凝聚　聚会）了他一生的心血。

(3) 首届中国深圳互动电视界面设计大赛圆满落下<u>较大的屋子里或舞台上的遮挡用的幕</u>（帷幕　闭幕）。

(4) 现在只有出现想象不到的<u>不平凡的事情</u>（奇迹　惊奇），她才能得救。

周末总盘点

词汇盘点 Key words extended

胜地	享有	充沛	更新	凝聚
旅游胜地	享有……的权利	精力充沛	自动更新	凝聚力
避暑胜地	享有免费医疗	雨水充沛	更新设备	凝聚……的心血
度假胜地	享有三个月的带薪产假	充沛的热情	更新数据	凝聚……的余温
海滨胜地		感情充沛	更新网站	

玩转周末 Fun weekend

什么是"中国古代四大名琴"？

古琴是我国最古老的弹拨乐器之一，具有三千多年的历史。琴长3尺6寸5分，代表一年有365天。琴面为弧形，代表着天；琴底为方形，代表着地；又为"天圆地方"之说。古琴有十三徽，代表着一年有12个月和闰月。古琴中最著名的是齐桓公的"号钟"、楚庄王的"绕梁"、司马相如的"绿绮（qǐ）"和蔡邕（yōng）的"焦尾"。这四张琴被人们誉为"四大名琴"。

艺术家

一位艺术家问了画廊的主人,在举办画展期间有没有人对他的作品感兴趣。

"我有一个好消息和一个坏消息",画廊的主人回答说,"好消息是一位绅士询问在你去世后作品会不会升值。当我告诉他会升值,他把你全部的15幅作品全买走了。"

"那太好啦,"艺术家欢呼,"那坏消息呢?"

"他是您的医生。"画廊主人回复道。

(改编自百度贴吧)

An Artist

An artist asked the gallery owner if there had been any interest in his paintings on display at that time.

"I have good news and bad news," the owner replied. "The good news is that a gentleman enquired about your work and wondered if it would appreciate in value after your death. When I told him it would, he bought all 15 of your paintings."

"That's wonderful," the artist exclaimed. "What's the bad news?"

"He is your doctor!" said the gallery owner.

在哪儿见过? Where have you ever seen these pictures?

1. 这是一副中国的对联(duìlián, vertical written couplet usually placed along either side of a doorway)。

心想事成鸿运开　Xīn xiǎng shì chéng hóngyùn kāi　All your wishes will come true and good luck is coming.

人和家顺福星照　Rén hé jiā shùn fúxīng zhào　Everything will go well with your family!

万事如意　wànshì rúyì　Everything goes well!

2.

西城区非物质文化遗产展示中心
Xīchéng qū fēiwùzhì wénhuà yíchǎn zhǎnshì zhōngxīn
the showroom of the Intangible Cultural Heritage in Xicheng District

3. 皮影（píyǐng, shadow puppet）

4. 琵琶(pípa, a plucked string instrument with a fretted fingerboard)

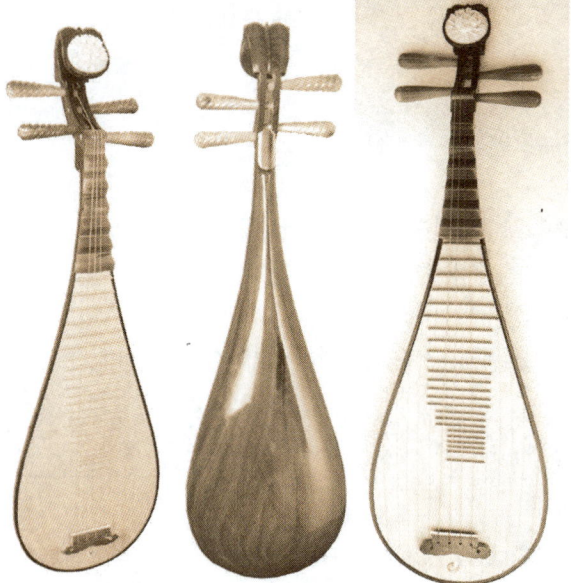

答案 Key to the exercises

星期一

1. (1) 胜地——地球——球迷——迷路——路口
   (2) 拍卖——卖场——场地——地方——方法
2. (1) 中国香港的摩罗街、巴黎的跳蚤市场、洛杉矶比华丽大街等。北京古玩城是当今世界规模最大、物品最丰富的室内古玩市场。
   (2) 下午2点到下午4点是最佳消费时段。
   (3) 如果想要看到真正的古董文物,应该去北京古玩城海外文物回流厅。

星期二

1. (1) √ (2) × (3) × (4) × (5) √ (6) √ (7) × (8) ×

2.

人 物	相同点	不同点
齐白石	都是中国近现代画坛当之无愧的艺术大师,都很长寿,作品都很多,作品的市场价值很高	出生在一个贫苦农民的家庭 是典型的大器晚成者
张大千		出生在一个很有文化底蕴的富商家庭 是一位天才的画家

星期三

1. (1)(及时 延迟)   (2)(随意 拘谨)
   (3)(淡定 慌张)   (4)(诙谐 沉闷)
2. (1) 淡定   (2) 更新   (3) 及时   (4) 随意   (5) 挑刺

星期四

1. (1) B   (2) B   (3) A
2. (1) D   (2) A

星期五

1.   （一）   （二）
   临沂 → 中国结   鄄城 → 工笔画
   红花乡 → 桐杨木艺   巨野 → 年画
   曹县 → 柳编   杨家埠 → 土布

2. (1) 文献   (2) 凝聚   (3) 帷幕   (4) 奇迹

第六周

哪种投保方式适合你？

难度：★★　　建议时间：3分钟　　字数：524

80后别忘理财

曾几何时，"奴"字成为80后在社会体系中的重要身份修饰语，从"房奴"、"车奴"到"卡奴"、"孩奴"……说不完生活艰苦，道尽了无数辛酸，形象地描述了80后在社会经济变革中需要面对的各种社会经济问题。

80后可以算是比较特殊的一代，在社会上既是承前启后的一代，从时间上来说又是跟改革开放衔接最紧密的一代，因此在社会经济生活中面临的问题比别的年代的人要多，尤其是随着80后逐步步入而立之年，事业和家庭慢慢走向稳定，需要面对的经济压力就会比别的年代的人更重。

要想摆脱这么多"奴"的身份，除了依靠发展得更加规范的社会经济体系和保障体系外，主要还是要依靠个人理财能力的提高。通过提高自身的理财能力，就能逐步改善个人经济状况，摆脱沉重的债务压力和财务压力，实现收入的良性增长、财务的有效运转，最终达到收入高且稳定、财务相对自由的状态，真正摆脱"奴隶社会"的生活状态，让日子过得更加轻松。

理财是个人财务走向稳定和自由最重要的途径之一，通过理财，不仅可以实现实际收入的较快增长，而且可以让个人经济资源配置更加合理，收益更加稳定。80后要想走出"奴隶社会"，理财是最现实也是最可靠的途径之一，只有这样，才能从经济困境中突围，成为经济问题的主宰者，而不是被无形的经济困境捆绑的"奴"。

（改编自青年创业网）

小贴士

多年来,储蓄作为一种传统的理财方式,早已在人们的思想观念中根深蒂固了,目前大多数居民仍然把储蓄作为理财的首选。除了储蓄以外,基金、股票、期货、保险、国债等也受到了国内个人投资者的青睐。

生词 New words

1. 理财		lǐ cái	to conduct financial transactions; to manage finances
2. 曾几何时		céngjǐhéshí	once upon a time
3. 修饰语	(名)	xiūshìyǔ	modifier
4. 艰苦	(形)	jiānkǔ	harsh
5. 辛酸	(形)	xīnsuān	bitter
6. 承前启后		chéng qián qǐ hòu	to inherit from predecessors and inspire those who come later
7. 衔接	(动)	xiánjiē	to link up
8. 规范	(名)	guīfàn	standard
9. 沉重	(形)	chénzhòng	heavy; serious; critical
10. 债务	(名)	zhàiwù	debt
11. 良性	(形)	liángxìng	benign
12. 收益	(名)	shōuyì	income; profit; earnings
13. 突围	(动)	tūwéi	to break out of an encirclement
14. 主宰	(动)	zhǔzǎi	to dominate
15. 捆绑	(动)	kǔnbǎng	to tie up; to bind

学一学 Grammar

1. 曾几何时

表示时间过去没多久,"几何"的意思是"多少"。

(1) 曾几何时,我们在这个校园度过了美好的青春时光。

(2) 曾几何时,在中国人的生活中,彩票还是一个陌生的名词。

(3) 曾几何时,你说要照顾我一生一世,可如今你却要和我分手了。

2. 承前启后

这个成语多用在事业、学问等方面,意思是继承前人的事业,为后人开辟道路。
（1）承前启后的这一代青年,对民族的未来负有责任。
（2）他在中国文学史上起到了承前启后的作用。

1. 选词填空
   Choose the correct words

   艰苦　规范　辛酸　沉重　债务　主宰

   （1）小天孤单一人,被派到那么边远的地方去,一路上的_____心情就别提了。
   （2）这些原则过去早就有规定,现在进一步_____化,并得到更严格的执行。
   （3）这个偏远山区很贫穷,生活_____得很。
   （4）著名的篮球运动员迈克尔·乔丹曾_____美国的职业篮球联赛。
   （5）公司今年的收益不错,可以把以前的_____都还完。
   （6）父亲生病不能工作,家庭负担很_____,她只得靠自己打工挣学费。

2. 根据课文内容,判断正误(正确的画√,错误的画×)
   Decide whether the following statements are true(√) or false(×) according to the text

   （1）"奴"字成为80后在社会体系中的重要身份修饰语。
   （2）80后在社会经济生活中面临的问题比70后要多。
   （3）只有依靠个人理财能力的提高才能使80后摆脱"奴"的身份。
   （4）理财只能实现实际收入的较快增长,而不能更加合理地配置个人的经济资源。
   （5）80后要想走出"奴隶社会",理财是最现实却不是最可靠的途径。
   （6）理财能帮助80后成为经济问题的主宰者。

难度:★★　建议时间:3分钟　字数:533

85%家庭无能力买房

中国社科院于2010年12月在北京发布了2011年《经济蓝皮书》。该书对我国今明两年的房地产形势与调控作出分析,今年全国城镇居民的房价收入比是8.76,比去年上升了0.46,也就是说普通城镇居民家庭8.76年不吃不喝才能买一套房。数据显示,今年

1-8月,全国商品房平均销售价格为5520元/平方米,2009年同期为4800元左右,房价涨幅为15%。2009年同期与2008年相比上涨25%。2010年全年住宅价格涨幅为15%左右,涨幅比2009年下降10个百分点。

今年4月到9月,国务院以及各有关部门都分别出台了相应的措施,遏制房价过快上涨势头。蓝皮书指出,这些措施对房地产的调控成效是显著的,开发商囤地现象得到了初步的遏制,利用贷款投资和投机住宅的需求也初步得到了控制。但是,问题并没有从根本上得到解决。中国的房地产有着深层次的矛盾,问题的累积并非一日之寒,调控遭遇了许多困境。

蓝皮书指出了三方面的矛盾:一是实现居民买得起房的目标与猛烈推高房价的土地买卖制度之间的冲突;二是中央要求控制房价和中央与地方之间财政税收关系不顺的冲突;三是土地是用来吃饭,还是用来居住的矛盾。

蓝皮书也对明年的房价走势进行了预测,如果调控放松,房价将会恢复性反弹,价格可能上涨20%-25%,甚至会更高;同时也指出目前中国85%的家庭没有能力购买住宅,房价上涨速度仍然高于城乡居民收入增长速度。

（改编自东方网）

小贴士

中国社科院是中国社会科学院的简称,是中国哲学社会科学研究的最高学术机构和综合研究中心。中国社科院不仅有综合性的图书馆而且也有专业性的图书馆,拥有古今中外的基本文献资料,为科学研究工作提供了丰富的资源和学术性信息。

生词 New words

1. 蓝皮书	（名）	lánpíshū	blue book
2. 调控	（动）	tiáokòng	to regulate and control
3. 涨幅	（名）	zhǎngfú	extent of price increase
4. 遏制	（动）	èzhì	to keep within limits; to restrain

5. 势头	（名）	shìtou	impetus; momentum
6. 囤	（动）	tún	to store up
7. 初步	（形）	chūbù	initial; preliminary
8. 投机	（动）	tóujī	to seize a chance to seek a private gain; to be opportunistic
9. 猛烈	（形）	měngliè	fierce; vigorous
10. 反弹	（动）	fǎntán	to rebound

专有名词 Proper names

| 中国社科院 | Zhōngguó Shèkēyuàn | Chinese Academy of Social Sciences |

学一学 Grammar

1. 正如……所说，……

常用搭配，表示就像某人说的那样。
（1）正如我所说，他是一个正直的人。
（2）正如你所说，你的心里充满感激，也正因为如此，你才会有现在的幸福。
（3）正如大家所说，这款手机声音大字体大，非常适合老年人使用。

2. 一是……；二是……；三是……

如果你想说明某种情况的几个方面，你可以用这个句式。
（1）老王这次到上海来，一是要办点儿事儿，二是想看看老朋友。
（2）如果你的公司经营不好，老板要削减开支，给你两个选择：一是把你开除，补偿你两个月的工资；二是把你一千元的工资降到九百元。你能接受哪个方案？
（3）为帮助孤儿，河南各级政府对他们的抚养主要有三种方式：一是由孩子的亲戚照顾；二是由社会上的爱心家庭照顾；三是由政府办的孤儿院照顾。

1. 连线，组成短语
Match and form a phrase

（一）		（二）	
上涨	房价	成效	困境
出台	势头	遭遇	住宅
遏制	措施	购买	显著

2. 根据课文内容,选择正确答案

   Choose the correct answer according to the text

   (1) 2009年中国城镇居民的房价收入比是(　　)。
       A. 8.76　　　　B. 8.30　　　　C. 9.22　　　　D. 0.46

   (2) 2009年全国商品房平均销售价格为(　　)。
       A. 5520元/平方米　　　　B. 大约4800元/平方米
       C. 是2008年的25%　　　　D. 是2010年的15%

   (3) 今年4月–9月,国务院以及各有关部门都分别出台了相应的措施,关于这些措施的说法,错误的是(　　)。
       A. 出台这些措施是为了遏制房价过快上涨势头。
       B. 初步遏制了开发商囤地的现象。
       C. 初步控制了利用贷款投资和投机住宅的需求。
       D. 虽然中国房地产问题的积累不是一日之寒,但是这些措施对房地产的调控没遇到任何困难。

   (4) 下面(　　)不是蓝皮书所说的中国房地产存在的矛盾。
       A. 实现居民买得起房的目标与让房价变得更高的土地买卖制度之间的矛盾。
       B. 中央控制房价的要求和实现居民买得起房的目标。
       C. 土地是用来吃饭的,还是用来居住的矛盾。
       D. 中央控制房价的要求和中央与地方的财政税收关系不顺的矛盾。

   (5) 蓝皮书对明年的房价走势进行的预测是(　　)。
       A. 不管调控放松不放松,房价将会恢复性反弹,价格可能上涨20%–25%,甚至会更高。
       B. 不管调控放松不放松,房价不会恢复性反弹,价格最多上涨10%。
       C. 假如调控放松,房价将会恢复性反弹,价格可能上涨20%–25%,甚至会更高。
       D. 假如调控放松,房价不会恢复性反弹,价格最多上涨10%。

难度:★★★　　建议时间:3.5分钟　　字数:590

20年来股市短期暴涨暴跌:政策是主导因素

通常而言,投资股票一夜暴富之心不可有。但其实在上世纪90年代初,一日暴富是有可能的,前提是运气足够的好。

中国证券市场史上单日涨跌幅最大的是1992年5月21日,当日上海证券综合指数(简称上证综指)从616.99点涨到1266.49点,日涨幅达105.27%。上涨的直接原因是股价的全面放开,不再实行每天1%的涨幅限制。但1996年12月中旬,沪深两地交易所发出通知，要求对两交易所的证券交易价格实行10%的涨跌幅限制。此后再也没有出现一天内整个市场股价翻番的疯狂了。

回顾20年来A股起起落落，短期暴涨行情多数与重大政策变化有关，因为这些政策直接关系到市场信心。

2007年5月30日，财政部在凌晨上调印花税，当日上证综指应声跌落6.5%。第二天虽然有小幅反弹，但接下来两个交易日又累计下跌近10%。出乎政策制定者意料的是，印花税并没有改变大牛市冲顶的动力，真正改变市场趋势的仍然是基本面因素。

随着全球性的金融危机的到来，中国的实体经济和证券市场也受到冲击，从2007年11月开始的一年内，上证指数从6124点直线跌落到最低1664点。其间，当市场跌落到3000点时，为了促进市场健康发展，政府出台了一系列政策。但其中对短期市场直接起到刺激作用的仍然是印花税。

2008年4月23日，经国务院批准，财政部、国家税务总局决定4月24日起，调整证券交易印花税税率，由3‰调整为1‰。2008年4月24日当天，上证综指上涨9.29%，并在短期内引发了一波近20%的上涨。但是这并没有维系太久，当年5月后，市场自顾自地继续下跌。

（改编自《第一财经日报》）

图为上海证券交易所。最早的证券交易所是1613年成立的荷兰阿姆斯特丹证券交易所。中国最早的是1905年设立的"上海众业公所"。1949年以后，有一段时间取消了证券交易。1990年至1991年，上海和深圳相继设立证券交易所，上海证券交易所和深圳证券交易所是目前中国内地的两大交易所。A股的正式名称是人民币普通股票。

生词 New words

1. 暴	（形）	bào		sudden
2. 证券	（名）	zhèngquàn		financial securities
3. 涨跌幅		zhǎng diē fú		change rate

4. 交易所	（名）	jiāoyìsuǒ	bourse
5. 翻番		fān fān	to increase by a specified number of times
6. 起起落落		qǐ qǐ luò luò	ups and downs
7. 行情	（名）	hángqíng	quotation
8. 上调	（动）	shàngtiáo	to raise
9. 印花税	（名）	yìnhuāshuì	stamp duty
10. 跌落	（动）	diēluò	to drop
11. 下跌	（动）	xiàdiē	to fall
12. 牛市	（名）	niúshì	bull market
13. 冲顶		chōng dǐng	to make one last effort to reach the summit
14. 基本面	（名）	jīběnmiàn	fundamentals
15. 批准	（动）	pīzhǔn	to give official approval
16. 税率	（名）	shuìlǜ	rate of tax

补充词语 Added words

1. 股东	gǔdōng	shareholder
2. 股权	gǔquán	shareholding
3. 股息	gǔxī	stock dividend
4. 熊市	xióngshì	bear market
5. 开盘	kāi pán	opening
6. 收盘	shōu pán	closing
7. 普通股	pǔtōnggǔ	ordinary stock
8. 优先股	yōuxiāngǔ	preference stock
9. 热门股/绩优股	rèméngǔ/jìyōugǔ	blue chip
10. 垃圾股	lājīgǔ	junk stock
11. 商业股票	shāngyè gǔpiào	commercial stock
12. 报价	bào jià	quoted
13. 套牢	tàoláo	holding
14. 红利	hónglì	bonus
15. 平仓	píngcāng	close position
16. 涨停板	zhǎngtíngbǎn	suspension of business in case of skyrocketing of stock prices
17. 跌停板	diētíngbǎn	suspension of business in case of slump of stock prices
18. 交易日	jiāoyìrì	trading day
19. 收购	shōugòu	takeover
20. 空头	kōngtóu	short seller; bear

| 21. 多头 | duōtóu | bull |
| 22. 票面价值 | piàomiàn jiàzhí | nominal value |

专有名词 Proper names

1. 上海证券综合指数	Shànghǎi Zhèngquàn Zōnghé Zhǐshù	Shanghai Securities Composite Index
2. 财政部	Cáizhèngbù	Ministry of Finance
3. 国家税务总局	Guójiā Shuìwù Zǒngjú	State Administration of Taxation

学一学 Grammar

出乎……(的)意料(的是,……)/让……意料的是……
超出了人们事先对情况的估计范围,表示没想到。
(1) 他来得如此之快,完全出乎我的意料。
(2) 让她出乎意料的是,丈夫会因为这件小事逼她离婚。
(3) 我国近年来的社会稳定和经济发展,出乎不少人的意料。

练一练 Exercises

1. 在下列空格中填入合适的汉字,使得上下左右能组成词或短语

   Fill in the blanks in a character, so with the Chinese characters around it can be composed of a phrase

2. 根据课文内容,选择正确答案

   Choose the correct answer according to the text

   (1) 1992年5月21日上海证券综合指数日涨幅为(　　)。
   　　A. 105.27%　B. 616.99%　C. 10%　D. 6.5%
   (2) 1992年5月21日上海证券综合指数日涨幅度如此大的直接原因是(　　)。
   　　A. 股价全面放开,政府不再实行每天1%的涨幅限制。
   　　B. 股价虽然没全面放开,但是政府不再实行每天1%的涨幅限制。
   　　C. 股价全面放开,政府不再实行每天10%的涨幅限制。
   　　D. 股价虽然没全面放开,但是政府不再实行每天10%的涨幅限制。

(3) 下面说法,错误的是(　　)。

　　A. 1996年12月中旬以后再也没出现过一天内整个市场股价翻番的情况。

　　B. 即使政策直接关系到市场的信心,A股的短期暴涨行情与重大政策变化的关系不大。

　　C. 从1996年12月中旬起,沪深两地证券交易价格实行10%的涨跌幅限制。

　　D. 上世纪90年代初,投资股票可能会一日暴富。

(4) 关于印花税,下面说法错误的是(　　)。

　　A. 2007年5月30日凌晨财政部上调了印花税,结果当天上证指数跌落了6.5%。

　　B. 2007年5月31日上证综指出现了恢复性反弹,不过6月1日及6月2日两天每天下跌近10%。

　　C. 印花税虽然不能改变大牛市冲顶的动力,但是对短期市场能直接起到刺激作用。

　　D. 真正改变市场趋势的仍然是基本面因素而不是印花税,这是政策制定者没有想到的。

难度:★★★　　建议时间:4分钟　　字数:637

网络团购 呼唤诚信

　　美国Groupon网络团购模式的兴起,迅速在全球刮起了一股热潮,就几个月的时间,中国便雨后春笋般地冒出了近千个拥有Groupon基因的团购网站来,"千团大战"局面可谓壮观,国内网络团购产业的"繁荣"程度可见一斑了。

　　为何"繁荣"要打上引号呢?这只是虚假的表象罢了。在目前国内上线的近千家团购网站中,的确不乏从管理到模式都有发展前景的团购网站,但这肯定只是一小部分,基于模仿和抄袭的大部分网站因同质化严重根本不具备竞争实力,甚至还有一些就是所谓的"一个人网站"。如此的"繁荣"之下,今天某团购网站收钱不发货,明天某团购网站被警方调查等现象屡见不鲜。国内网络团购便是如此混乱的现象:团购网站是每天都在增长,而广大网民网络团购的信任度却在直线下降,甚至对此已经是嗤之以鼻。

　　"千团大战"下的激烈竞争不言而喻,不论是开发新客户还是吸引回头客,新加入进来以及大多数名气较小的团购网站就有些不择手段了,最后对"团客们"承诺的价格及服务很多时候也就无法兑现,团购网站诚信缺失成为产业危机的主要诱因。

　　长期以来,阿里巴巴和淘宝网以直接关闭店铺的手段来打击网

络诈骗和非诚信行为,其效果显著,网络购物环境较之前大有改观。近日由淘宝官方组织的团购奔驰汽车的活动三个半小时200辆奔驰车就被一抢而空,一点也没受到当前网络团购混乱现象的困扰,这里面除了精心的策划和运作实力外,淘宝网的诚信度功不可没。

　　自古以来,良好的信誉是商家得以生存进而不断发展的基本条件,团购网站也不例外,若不能建立良好的诚信体系,网络团购这个产业也就无前途可言。

（改编自科技日报）

小贴士

团宝网是中国第一家开展Groupon模式的团购网站,主要是向会员每天限时提供一款超低折扣的团购服务项目。目前国内同样比较好的团购网还有拉手网、糯米网、爱帮网、58同城等等。

生词 New words

1.	团购	（动）	tuángòu	a type of purchasing behavior that a group of people use to obtain discounts from vendors
2.	呼唤	（动）	hūhuàn	to call
3.	雨后春笋		yǔ hòu chūn sǔn	to spring up like mushrooms
4.	壮观	（形）	zhuàngguān	magnificent
5.	可见一斑		kě jiàn yī bān	to see a segment of a whole
6.	同质化	（名）	tóngzhìhuà	homogenization
7.	嗤之以鼻		chī zhī yǐ bí	to turn up one's nose; to give a snort of contempt
8.	不言而喻		bù yán ér yù	it goes without saying
9.	不择手段		bù zé shǒuduàn	by hook or by crook
10.	兑现	（动）	duìxiàn	to fulfill
11.	诱因	（名）	yòuyīn	cause
12.	诈骗	（动）	zhàpiàn	to bilk
13.	改观	（动）	gǎiguān	to change the appearance of
14.	功不可没		gōng bù kě mò	to have made large contributions which cannot be completely ignored

学一学 Grammar

设问句

汉语里有一些句式以自问自答的形式出现,也就是说作者先故意提出问题,然后自己回答,这样的句式叫做设问句。设问句能够引起读者的注意,还能启发读者思考,引出下文,承上启下。

(1) 为何是"繁荣"又要打上引号呢?这只是虚假的表象罢了。

(2) 是谁创造了人类世界?是我们普通老百姓。

(3) 什么是合作?合作就是互相配合。

练一练 Exercises

1. 选词填空

   Choose the correct words

   雨后春笋　可见一斑　嗤之以鼻　不言而喻　不择手段　功不可没

   (1) 老王的一个学生试图解决数学领域中的最大的问题,老王对这种做法_____。

   (2) 这次谈判你_____,回公司以后一定请老板奖赏你。

   (3) 过去短短几年里,成千上万的企业如_____一样涌现出来。

   (4) 知识就是力量,这个道理是_____的。

   (5) 又是找明星做广告,又是开记者招待会,厂家的良苦用心由此_____。

   (6) 他这个人为了达到自己的目的常常会_____。

2. 根据课文内容,判断正误(正确的画√,错误的画×)

   Decide whether the following statements are true(√) or false(×) according to the text

   (1) Groupon网络团购模式最早兴起于美国。

   (2) 国内网络团购产业并不繁荣。

   (3) 国内所有的团购网站都不具备竞争实力的原因是从管理到模式都是模仿和抄袭美国。

   (4) 国内团购网站收钱不发货,或者某团购网站被警方调查等现象屡见不鲜。

   (5) 团购网站是每天都在增长,同时广大网民也越来越信任网络团购了。

   (6) 国内网络团购产业危机的主要诱因是诚信的缺失。

   (7) 阿里巴巴和淘宝网打击网络诈骗的手段效果显著,网上购物环境大大改观了。

   (8) 如果没有诚信,网络团购这个产业也就没有发展前途。

难度:★★★★　　建议时间:4.5分钟　　字数:672

哪种投保方式适合你?

在车险市场越来越透明化的今天,保险公司、车险中介、4S店,各种投保渠道纷纷施展"王婆卖瓜"战术。但不同投保渠道各有哪些利弊?

4S店:为新车主扫盲

4S店一般是新购车主的首选。4S店承担着新购车主的车险知识扫盲任务,在卖车的同时,帮助车主上保险、联系保险公司,解决新车主对车险无所适从的困扰,但价钱相对较高。另外,4S店毕竟是代理机构,车主只能在4S店代理的范围内进行选择。

电销:经济适用车主首选

目前,电话投保已经成为与4S店、中介并驾齐驱的投保方式。电话车险的优势在于:

第一,能拿到低于其他任何渠道15%的折扣。电话车险可以在七折的基础上再优惠15%,车主看重的就是实惠的价格。

第二,可避免被不良中介欺骗。目前在保险市场上,大部分车险业务是由兼职保险人代理的。出于盈利的需要,他们会选择性地为客户介绍产品,甚至有些中介业务员背着公司,在不征求客户意见的情况下,随便安排客户的车辆投保,给车主造成不便和利益损失。而电话车险直接面对保险公司,比较安全。

第三,投保方式公正、透明,服务承诺有保障。他们直接按保监会规定的折扣比例统一报价;同时,投保电话均有录音,车主可随时要求复查自己投保时的录音。

中介:适合关系型车主

中介投保更适合那些多次通过一个业务员投保的车主。不管你选择哪家保险公司,只要车主与业务员的关系到位,就能帮车主省不少麻烦。业务员为了维护自己的老客户,多会为车主提供额外的人工服务,如代理续保、缴费等。

但选择中介投保也要注意风险。要选择知根知底的可靠中介,以免在投保过程中被误导,花了冤枉钱。同时,中介投保的价格和4S店一样偏高,因为中介也需要从中赚取利润。

(改编自《中国保险报》)

小贴士

汉语里有一句话叫"王婆卖瓜——自卖自夸"。这句话原来的意思是说王婆在卖瓜的时候,自己夸自己的瓜好。现在多用来评论某人或某商家自我宣传、自我推销的做法,带有贬义色彩。

生词 New words

1. 投保		tóu bǎo	to take out insurance
2. 渠道	(名)	qúdào	channel
3. 施展	(动)	shīzhǎn	to put ...to good use
4. 扫盲		sǎo máng	to eliminate illiteracy
5. 无所适从		wú suǒ shì cóng	not know what to do
6. 代理	(动)	dàilǐ	to act on behalf of somebody
7. 盈利	(动)	yínglì	to make a profit
8. 征求	(动)	zhēngqiú	to ask for
9. 到位	(动)	dàowèi	to be up to the required standard
10. 知根知底		zhī gēn zhī dǐ	to know somebody's background; to know somebody thoroughly

专有名词 Proper names

保监会	Bǎojiānhuì	China Insurance Regulatory Commission (中国保险监督管理委员会的简称)

学一学 Grammar

出于……(的)需要/考虑
常用搭配,指出某一行为结果产生的原因。
(1) 出于安全考虑,许多大中城市都禁止人们随意燃放烟花爆竹。
(2) 他本人希望放慢生活的节奏,而他的家人出于健康考虑要求他关闭公司。
(3) 据调查显示,大部分外国人学习中文是出于工作需要。

 Exercises

1. 连线，组成短语
   Match and form a phrase

   （一）

   投保　　任务
   施展　　战术
   承担　　渠道

   （二）

   价格　　意见
   征求　　实惠
   赚取　　利润

2. 根据课文内容，完成表格
   Complete the form according to the text

投保方式	优　点	缺　点
4S店投保		
电销投保		
中介投保		

词汇盘点 Key words extended

沉重	初步	行情	壮观	施展
心情沉重 担子沉重 沉重的打击	初步方案 初步意见 初步估计 初步了解	股市行情 外汇行情 看准行情 行情见涨	景色壮观 场面壮观 蔚为壮观 雄伟壮观	施展才能 施展本领 施展抱负 得以施展

玩转周末 Fun weekend

猜一猜 Guess

小明的裤子口袋里有一个一块的硬币，可是硬币从口袋里掉了出来，请问口袋里还剩下什么东西？

轻松一刻 Easy time

诚实的经济学家

A:"听说经济学家总在说谎。你能不能告诉我,如何判断他是在说谎?"

B:"经济学家大都比较诚实,很少掩饰。你只要注意他的嘴就行了,只要嘴一动,他就在说谎。"

(改编自个人图书馆网)

An Honest Economist

A: "I've heard that economists are always lying. Can you tell me how to determine that he is lying?"

B: "Most of economists are very honest, barely concealing their true intentions. You just have to pay attention to his mouth. As long as his mouth opens, he is lying."

 在哪儿见过? Where have you ever seen these pictures?

1. 中国银河证券有限责任公司设立于2007年,是中国一家全国性的综合类证券公司。

2. 金融街位于北京市西二环路东侧,目前已经发展成为中国的金融决策监管中心、资产管理中心、金融支付结算中心和金融信息中心。

3. 华夏基金是华夏基金管理有限公司的简称,成立于1998年。公司总部设在北京,在北京、上海、深圳和成都设有分公司。华夏基金是中国社保基金投资管理人、企业年金基金投资管理人、境内首支ETF基金管理人和境内唯一的亚债中国基金投资管理人。

4. 中国邮政储蓄银行是2007年成立的一家商业银行。在一些比较大的中国邮政营业厅里,你既可以寄信、寄包裹、寄特快专递等,也可以存钱、取钱、交水电燃气费等。

中国邮政储蓄　　Zhōngguó yóuzhèng chǔxù　　China postal savings

星期一

1. (1) 辛酸　(2) 规范　(3) 艰苦　(4) 主宰　(5) 债务　(6) 沉重
2. (1) √　(2) √　(3) √　(4) ×　(5) ×　(6) √

星期二

1. （一）

上涨 → 房价
出台 → 势头
遏制 → 措施

（二）

成效 → 困境
遭遇 → 住宅
购买 → 显著

2. (1) B　(2) B　(3) D　(4) B　(5) C

星期三

1.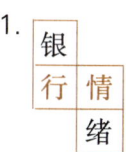

2. (1) A　(2) A　(3) B　(4) B

星期四

1. (1) 嗤之以鼻　(2) 功不可没　(3) 雨后春笋　(4) 不言而喻　(5) 可见一斑　(6) 不择手段
2. (1) √　(2) √　(3) ×　(4) √　(5) ×　(6) √　(7) √　(8) √

星期五

1. （一）

投保 → 任务
施展 → 战术
承担 → 渠道

（二）

价格 → 意见
征求 → 实惠
赚取 → 利润

2.

投保方式	优　点	缺　点
4S店投保	帮助新车主上保险、联系保险公司，解决了新车主对车险知识无所适从的困扰。	价格偏高；选择范围有限。
电销投保	能拿到超低折扣；可避免不良中介欺骗，投保方式公正透明。	文中未提到
中介投保	帮车主省不少麻烦；会为车主提供额外的人工服务。	有被不良中介误导的风险；价格偏高。

玩转周末

一个洞

第七周

中国人开始接受婚前财产公证

难度：★★　建议时间：2.5分钟　字数：544

新版《未成年人保护法》

2007年儿童节，中国新修订的《未成年人保护法》正式开始实施。从此以后，作为父母有些事情您是要注意的：

1. 父母偷看日记，孩子可以报警

来自中国青少年研究中心的调查数据显示，目前大约20%的父母经常偷看孩子的日记。另外，调查数据显示，打过孩子的父母占到一半。偷看孩子日记或电子邮件，随时"跟踪"其生活动态——这种不少家长习惯的做法今后不只是伤害彼此的情感，而且很可能涉嫌触犯法律了。如果家长偷看孩子的日记，对孩子构成伤害并产生不良后果，家长将要承担相应的法律责任。孩子遇到这种情况还可拨打110，警方可介入进行调查。

2. 禁止对未成年人实施家庭暴力

"不打不管不出好孩子"，这是很多父母都认为正确的教子方法，甚至有的父母会认为，"打自己的孩子不犯法"。这就导致社会整体对家庭暴力的模糊认识。据12355北京市青少年法律与心理咨询热线统计，家庭类咨询电话占法律类咨询电话总数的17%。在家庭类咨询的问题中，主要反映出父母教育子女的方式方法存在问题，有的简单粗暴，有的过分干涉孩子自由，导致与子女关系紧张，甚至子女离家出走。

3. 首次立法保护学生睡眠时间

针对目前中小学生日益加重的学习负担，新的《未成年人保护法》规定，无特殊情况，学校不得延长未成年学生在校学习时间。学校应当与未成年学生的父母或者其他监护人互相配合，保证未成年学生必要的睡眠、娱乐和体育锻炼时间，不得加重他们的学习负担。

（改编自和讯网）

小贴士

中国的儿童节是每年的6月1号。"12355"是中国统一的青少年维权与心理咨询公益服务专用号码。

生词 New words

1. 修订	（动）	xiūdìng	to revise
2. 涉嫌	（动）	shèxián	to be suspected of being involved
3. 触犯	（动）	chùfàn	to violate (the law, etc.)
4. 构成	（动）	gòuchéng	to constitute
5. 暴力	（名）	bàolì	violence
6. 干涉	（动）	gānshè	to interfere
7. 规定	（动）	guīdìng	to stipulate
8. 监护人	（名）	jiānhùrén	[Law] guardian; custodian

学一学 Grammar

不只是……而且……

常用搭配，相当于"不仅……而且"。

（1）这枚古金币不只是文物，而且是无价之宝。

（2）姚明不只是个子高，也具有良好的技术和速度，而且是一个有团队精神的球员。

（3）这对双胞胎不只是长得很像，而且俩人的神态也很像。

练一练 Exercises

1. 仿照例子，做词语接龙游戏

   According to the examples, play word by word games

   例如：邀请——请假——假期——期末——末尾

   （1）暴力

   （2）构成

2. 选择并完成句子

Choose and complete the following sentences

（1）参加晚会的人很多，_____。
   A. 甚至很多老年人也来了   B. 以至于很多老年人也来了

（2）我很喜欢这首歌，不只是喜欢它的旋律，_____。
   A. 而是喜欢它的歌词   B. 而且还喜欢它的歌词

难度：★★★　　建议时间：3分钟　　字数：551

中国人开始接受婚前财产公证

公众如何看待婚前财产公证？上周，中国青年报社会调查中心通过民意中国网进行的一项调查发现，受调查者态度尚存矛盾。57%的人表示"婚前财产不属于夫妻共有，公证清楚是应该的"；37%的人觉得"未来世事难料，这么做是以防万一"。但有人提出质疑："还没结婚怎么就开始互相不信任了？"（22%），还有21%的人把公证看作"对感情的亵渎"。

尽管还没结婚，王娜已和认识多年的男友联名买房，准备一起还贷了。去银行办理房贷手续时，因双方还不是夫妻关系，银行要求出具财产公证。两人一商量，就换了一家不需要公证手续的银行。"不做公证是我们充分考虑后的决定。我们愿意与对方分享一切。"

但在学法律出身的李先生看来，婚姻本来就是一种法律协议。做婚前财产公证能有效保护合同双方的利益，避免可能出现的纠纷，夫妻双方就不会在将来的生活中为财产问题彼此猜忌。这样做更体现出双方的独立自主和相互信任。

世事没有绝对的事，没有人能给人的心上一把锁。但王娜仍坚持认为，只要夫妻双方能够携手面对富贵、贫穷、疾病、死亡，有没有那一纸公证，都不是最重要的问题。

专家认为是否进行婚前财产公证，应依据具体情况而定。一方面，婚前财产公证能保护夫妻双方的个人财产，减少不必要的纠纷；另一方面，我们还有着传统的家庭观念，过于计较，会让一些人心里不舒服，给婚姻生活带来阴影。

（改编自《中国青年报》）

在中国,婚前财产公证,手续并不烦琐(fánsuǒ, trivial)。双方只需带上齐全的身份证明与财产所有权证明,加上草拟好的协议书,到公证处办理就可以了。费用在400~600元之间。

生词 New words

1. 公证	（动）	gōngzhèng	to notarize
2. 民意	（名）	mínyì	public opinion
3. 亵渎	（动）	xièdú	to blaspheme
4. 联名	（动）	liánmíng	jointly signed; jointly
5. 出具	（动）	chūjù	to show; to provide
6. 协议	（名）	xiéyì	agreement
7. 纠纷	（名）	jiūfēn	dispute
8. 猜忌	（动）	cāijì	to be suspicious and jealous of
9. 携手	（动）	xiéshǒu	to join hands; to cooperate
10. 阴影	（名）	yīnyǐng	shadow

学一学 Grammar

1. 以防

表示为了防止。

（1）汽车应该结伴穿越沙漠,以防抛锚。

（2）他们在窗户上加了窗条以防盗贼进入。

（3）可能下雨,你最好带把伞,以防万一。

2. 在……看来

常用搭配,表示某个人的观点。

（1）在他看来,这只是一场骗局。

（2）在我看来,他一直是个值得信赖的人。

（3）在我看来,他的讲演确实太枯燥无味了。

练一练 Exercises

1. 根据课文内容,选择正确答案

Choose the correct answer according to the text

（1）有多少人认为婚前财产不属于夫妻共有,公证清楚是应该的?

    A. 21%   B. 22%   C. 37%   D. 57%

(2) 这篇文章的内容是关于什么的?
　　A. 王娜和男朋友不做财产公证
　　B. 中国人对待婚前财产公证的态度
　　C. 是否进行婚前财产公证,应依据具体情况而定
　　D. 中国青年报的社会调查
(3) 下面哪一个是对的?
　　A. 学法律出身的李先生赞同婚前财产公证
　　B. 王娜也同意婚前财产公证
　　C. 21%的人觉得"未来世事难料,这么做是以防万一"
　　D. 专家不赞同婚前财产公证

2. 选词填空

   Choose the correct words

   亵渎　　阴影　　纠纷　　协议　　猜忌

(1) 她终于走出离婚_____,开始了新生活。
(2) 近来,有关旅游_____的案件越来越多。
(3) 经过几轮谈判,我们最终达成了_____。
(4) 他认为婚前财产公证既是对婚姻缺乏信心的表现,也是对夫妻感情的_____。
(5) 婚姻中最可怕的并不是背叛,而是那种无法停止的_____。

难度:★★★　　建议时间:3.5分钟　　字数:587

中老年人普遍缺失遗产规划

　　近年来,中国的遗产纠纷日渐增多,这主要是因为富人及一般民众普遍缺失遗产规划。中老年有产一族基本上都不会主动咨询遗产规划的事情。

　　记者采访了一些中老年人后发现,他们中大多数人表示没有想过如何处理自己财产的问题。一些人则表示担心,如果自己现在就做好财产安排,子女会不会"认钱不认人"。

　　然而国外民众一般都会有一个遗产规划。人们在头脑清醒时把财产分配好,就可避免在失去自理能力时的无奈。与国外相比,受中国经济发展的历史影响,中国目前主要财富积累者大多集中在40—60岁间的年龄层,内地众多家族企业和企业家大体上也快到权力交接时。因此,中国的财富转移周期已经来到,大规模的权力交接和财富转移,正是一个企业最为脆弱的时刻,做好遗产规划刻不容缓。遗产规划可以避免法律纠纷,有利于家庭和睦,又能够

保护隐私,防止遗产争夺大战。

由于中国目前还没有征收遗产税,所以普通人遗产规划的主要形式是设立遗嘱,遗嘱要考虑的主要是遗产的范围与继承人或受赠人的确定。

可喜的是,近几年中国民众立遗嘱出现了上升的势头。北京一家律师事务所的律师告诉记者,近三年来,该所办理遗嘱的增幅每年都在20%左右。在北京几家公证处,更是出现了排队预约办理遗嘱公证的情景。据悉,北京、天津、上海、广州、深圳等大城市和经济发达地区,正在出现立遗嘱热。

（改编自法律快车）

小贴士

中国现行的继承法规定,遗产按照下列顺序继承:第一顺序为配偶、子女、父母。第二顺序为兄弟姐妹、祖父母、外祖父母。继承开始后,由第一顺序继承人继承,第二顺序继承人不继承。没有第一顺序继承人继承的,由第二顺序继承人继承。

生词 New words

1. 遗产	（名）	yíchǎn	inheritance or estate; heritage
2. 缺失	（动）	quēshī	to lack
3. 自理	（动）	zìlǐ	to take care of or provide for oneself
4. 无奈	（动）	wúnài	to have no choice
5. 权力	（名）	quánlì	power; authority
6. 交接	（动）	jiāojiē	to hand over and to take over
7. 转移	（动）	zhuǎnyí	to pass on
8. 和睦	（形）	hémù	harmonious
9. 防止	（动）	fángzhǐ	to prevent
10. 征收	（动）	zhēngshōu	to levy
11. 遗嘱	（名）	yízhǔ	a will; one's last will and testament
12. 继承人	（名）	jìchéngrén	heir
13. 预约	（动）	yùyuē	to make an appointment

学一学 Grammar

1. 大体上
表示总体上来说。
(1) 他的批评大体上是正确的。
(2) 我大体上同意你的意见。
(3) 大体上说,这里的气候还是很宜人的,夏天不太热,冬天也不太冷。

2. 刻不容缓
表示一点儿也不能拖延,形容形势紧迫。
(1) 解决首都水资源问题,已经到了刻不容缓的地步。
(2) 使大学生熟练地掌握计算机技能已成为高校教育的刻不容缓的问题。
(3) 随着全球能源需求的不断增长,开发和利用可替代低污染能源已变得刻不容缓。

3. 据悉
表示根据得到的消息知道。
(1) 据悉,今年入境旅游、观光的人数已超过千万。
(2) 据悉,此次书画大赛的作品征集将于今年4月20日截稿。
(3) 据悉,广东省是中国鞋类产量最大的地区,目前年产量近30亿双,约占全世界年产量的三分之一。

 Exercises

1. 根据课文内容,回答问题

Answer these questions according to the text
(1) 为什么近年来中国的遗产纠纷日渐增多?
(2) 做好遗产规划有什么好处?
(3) 中国的老人不做遗产规划主要是因为担心什么?

2. 判断下面每组中两个句子的意思是否一样(一样的画√,不一样的画×)

Decide whether the two sentences are the same in each group, same(√) or different(×)
(1) A. 在单位里,他总能和同事们和睦相处。
　　B. 他和单位里的同事们的关系很融洽。
(2) A. 为了防止交通事故的发生,市政府采取了很多措施。
　　B. 为了预防交通事故的发生,市政府采取了很多措施。

(3) A. 这个饭店的生意很火,每次去吃饭都得预约。
　　B. 这个饭店的生意很火,每次去吃饭都得预定。
(4) A. 我对这套房子大体上还比较满意。
　　B. 我对这套房子不太满意。
(5) A. 老人们常出于无奈而独自生活。
　　B. 由于没有办法,老人们只能独自生活。

难度:★★★★　建议时间:4分钟　字数:530

外国人怎样在中国结婚

　　昨日,华裔新加坡籍男子王林找到本报记者,询问外国人怎样在中国结婚。

　　王林说,他去年回到重庆老家探亲时,结识了重庆市某高校教师刘某,并在今年国庆期间举办了婚礼。由于我国对于婚姻实行的是登记制度,夫妻俩商量后,决定就在重庆办理婚姻登记手续。但王林不再具有中国国籍,所以他不知道自己能不能在重庆办理结婚登记手续。

　　记者对此采访了重庆一家律师事务所律师李伟。他说,《婚姻登记条例》第二条规定,中国公民同外国人结婚,办理婚姻登记的机关是省、自治区、直辖市人民政府民政部门或者省、自治区、直辖市人民政府民政部门确定的机关。第四条规定,中国公民同外国人在中国内地结婚的,男女双方应当共同到内地居民常住户口所在地的婚姻登记机关,办理结婚登记。

　　因此,王林应到重庆的民政机关办理婚姻登记。李伟说,王林的妻子应当出具下列证件和证明材料:(一)本人的户口簿、身份证;(二)本人无配偶以及与王林没有直系血亲和三代以内旁系血亲关系的签字声明。王林应当出具下列证件和证明材料:(一)本人的有效护照或者其他有效的国际旅行证件;(二)所在国公证机关或者有关机关出具的、经中华人民共和国驻该国使(领)馆认证或者该国驻华使(领)馆认证的本人无配偶的证明,或者所在国驻华使(领)馆出具的本人无配偶的证明。

(改编自《重庆青年报》)

小贴士

重庆，又称山城、雾都，是中华人民共和国直辖市，在城市成长竞争力排名中，首次超过北京、上海等城市，仅次于天津，位居全国第二。重庆气候温和，是适合居住的城市，年平均气温在18℃左右，冬季最低气温平均在6到8℃，夏季炎热，七月最高气温均在35度以上。

生词 New words

1. 华裔　　（名）　huáyì　　non-Chinese citizen of Chinese origin
2. 探亲　　　　　　tàn qīn　　to visit one's (close) relatives
3. 制度　　（名）　zhìdù　　(political) system or institution
4. 手续　　（名）　shǒuxù　　procedure; formalities
5. 国籍　　（名）　guójí　　nationality
6. 机关　　（名）　jīguān　　government organization, institution, etc
7. 户口簿　（名）　hùkǒubù　household register; residence booklet
8. 配偶　　（名）　pèi'ǒu　　spouse; mate
9. 声明　　（名）　shēngmíng　declaration; statement
10. 认证　　（动）　rènzhèng　to authenticate

补充词语 Added words

1. 自治区　　zìzhìqū　　autonomous region (in China)
2. 直辖市　　zhíxiáshì　　directly governed city region (Beijing, Tianjin, Shanghai, and Chongqing)
3. 民政部门　mínzhèng bùmén　civil affairs departments
4. 直系血亲　zhíxì xuèqīn　lineal relative by blood
5. 旁系血亲　pángxì xuèqīn　collateral relatives by blood

专有名词 proper names

新加坡　　Xīnjiāpō　　Singapore

学一学 Grammar

经……认证

常用搭配,"经"后经常是一个机构的名称。

(1) 这款葡萄酒是第一款经国际认证的有机葡萄酒。
(2) 安全优质品牌农产品是一个特定的概念,是指经官方注册的由专门机构考核认证的、符合食品安全国家标准或行业标准的农产品。
(3) 经国际认证机构美国BPA审计,《计算机世界》报是目前中国发行量最大的IT专业媒体。

练一练 Exercises

1. 连线,组成短语
   Match and form a phrase

（一）		（二）	
举办	探亲	办理	朋友
回家	结婚	出具	手续
登记	婚礼	结识	证件

2. 根据课文内容,完成表格
   Complete the form according to the text

   王林和他妻子分别需要准备的材料

王林	王林的妻子

难度:★★★★　　建议时间:4分钟　　字数:794

世界各国对酒后驾车的处罚方法

1. 中国:闯红江,记6分,罚100元;酒驾,5年内不得再考取驾照;不系安全带,记3分,罚100元;副驾不系安全带,记1分,罚50元;行驶途中拨打手机,记3分,罚100元;行驶途中抽烟,记1分,罚100元;有意遮挡号牌,记12分,顶额处罚;超速驾驶,记6分。从2012年5月1日起,刑法修正案开始实施,醉驾正式入罪,要判刑。

2. 美国：在加州，如果血液里酒精的浓度超过0.08%，就算违法。如果被警察捉住，马上就会被逮捕，戴上手铐，坐在车后面送到拘留所。同时要求有前科的驾驶者在车内安装"汽车发动酒测系统"，装上这个系统后，如果驾驶者口中呼出的酒精浓度超标，就无法启动汽车。民众在接到通知后的30天内未安装即属违法，刑罚最高为6个月徒刑及罚款5000美元。在洛杉矶，酒后驾车若被发现，除受处罚外，还要花费300美元在车内安装一种电子装置，这种装置对酒味非常敏感，只要车内有酒味，车就发动不起来；在哥伦比亚州，交通部门会强迫违章的驾驶员看一套惨不忍睹的交通事故片；在加利福尼亚州，对酒后开车的普通处罚是罚款、罚扫大街等，若罚后照喝不误，便去参观城内的停尸房，让他们看车祸中死亡者的解剖过程。

3. 英国：酗酒开车的初犯驾驶员，吊销驾照1年；在10年内重犯者吊销驾照3年，外加1000英镑罚款；在10年内若3次被判酒后驾车罪名成立，法院将对他的屡教不改判吊销驾驶证109年；酒后发生事故者将终身不能再开车，经济上还将受到重罚。

4. 日本：当驾驶员血液中酒精浓度超过0.05%时要判两年以下劳役，罚款5万日元，吊销驾驶执照，同时追究向驾驶员供酒者的责任。醉酒开车两次以上要处六个月的徒刑，违章者被关在特殊的监狱里，令其盘腿静坐反思，检讨自己的错误。

5. 马来西亚：一旦发现酒后驾车者，立即予以拘留，并将他的妻子也一同拘留，关在一起，令其妻彻夜教育丈夫。

6. 土耳其：对酒后驾车的驾驶员，由警方押出城至20公里外的地方，然后强迫他步行回城。

（改编自《天涯社区》）

小贴士

在中国，酒后驾车检查主要分两步：第一步是吹酒精测试仪（jiǔjīng cèshìyí, alcohol tester），第二步是血液酒精测试。

生词 New words

1. 装置	（名）	zhuāngzhì	device; installation
2. 强迫	（动）	qiǎngpò	to force; to compel
3. 停尸房	（名）	tíngshīfáng	mortuary
4. 解剖	（动）	jiěpōu	to dissect
5. 酗酒	（动）	xùjiǔ	to indulge in wine
6. 初犯	（动）	chūfàn	the first offense
7. 劳役	（名）	láoyì	[Law] penal servitude; hard labour
8. 徒刑	（名）	túxíng	[Law] imprisonment; sentence
9. 拘留	（动）	jūliú	[Law] to detain; to take sb. into custody

专有名词 Proper names

1. 洛杉矶	Luòshānjī	Los Angeles
2. 哥伦比亚	Gēlúnbǐyà	Colombia
3. 加利福尼亚	Jiālìfúníyà	California

1. 追究……的责任

常用搭配，"追究"的宾语一般是"某某人"。

（1）我们要追究为恐怖分子提供援助和栖身地的国家的责任。

（2）企业发生伤亡事故，要追究有关领导和人员的责任。

（3）凡属失职造成的质量事故，要追究责任者和有关领导者的责任，并严肃处理。

2. 一旦

指不确定的时间，表示有一天。

（1）一旦做出决定，就要坚定地做下去。

（2）你一旦不认真学习，成绩就会下降。

（3）一旦战争爆发，就会有很多人失去亲人。

1. 选词填空

Choose the correct words

（1）（　）车内有酒味，车就发动不起来。

　　A. 只有　　　B. 只要　　　C. 即使

(2)（　）罚后照喝不误，（　）罚他们去参观城内的停尸房。
　　A. 如果；就　　　　B. 只要；就　　　　C. 即使；才

(3)（　）发现酒后驾车者，立即予以拘留。
　　A. 因为　　　　　　B. 只有　　　　　　C. 一旦

2. 根据课文内容，判断正误（正确的画√，错误的画×）

Decide whether the following statements are true(√) or false(×) according to the text

(1) 在中国，如果酒后驾车将直接扣掉12分。

(2) 在加利福尼亚，交通部门会强迫违章的驾驶员看一套惨不忍睹的交通事故片。

(3) 在土耳其，对酒后驾车的驾驶员，由警方押出城至20公里外的地方，然后强迫他步行回城。

(4) 在英国，10年内若3次被判酒后驾车罪名成立，法院将吊销其驾驶证109年。

(5) 在日本，醉酒开车两次以上要处六个月的徒刑。

(6) 在哥伦比亚，对酒后开车的普通处罚是罚款、罚扫大街等，若罚后照喝不误，便去参观城内的停尸房。

(7) 在美国，司机血液中酒精浓度超过0.05％时，无条件吊销其驾照。

(8) 如果发现酒后驾车，让妻子一整夜教育丈夫的国家是马来西亚。

周末总盘点

词汇盘点　Key words extended

干涉	纠纷	和睦	吊销	违章
干涉自由	财产纠纷	和睦相处	吊销护照	违章驾驶
干涉内政	经济纠纷	家庭和睦	吊销驾照	违章建筑
无权干涉	调解纠纷	邻里和睦	吊销营业执照	违章操作

玩转周末　Fun weekend

知道在中国怎样成为一名律师吗？

　　从1986年开始，中国实行全国律师资格统一考试制度，按照"公平、平等、竞争、择优"的原则，面向社会招考律师。从1993年起，中国每年举行一次全国律师资格考试。要想成为一名律师，必须参加全国律师资格考试，经考试合格取得律师资格后，在律师事务所从事律师助理工作一年，再通过律师事务所向主管司法行政机关申请领取《中华人民共和国律师工作执照》。经主管司法行政机关审查批准，领取《中华人民共和国律师工作执照》后，即成为律师，需要说明的是，如果仅经过考试合格取得律师资格，还不能称为律师，不能从事律师业务。参加全国律师资格考试，要具有法律大专毕业或者其他专业大学本科毕业以上学历。

两个律师

两个律师走进一个餐厅,要了两杯饮料,从包中拿出三明治开始吃起来。餐厅老板走过来警告说:"你们不能在这里吃自己的三明治。"

两个律师对看了一眼,耸耸肩,然后交换了手中的三明治。

(改编自教客网)

Two Attorneys

Two attorneys went into a restaurant and ordered two drinks. Then they brought out sandwiches from their brief cases and started to eat. The owner marched over and told them, "You can't eat your own sandwiches here!"

The attorneys looked at each other, shrugged their shoulders and then exchanged sandwiches.

 在哪儿见过? Where have you ever seen these pictures?

1. 在很多商场里,你会看到这样的提示。

(一)

为了保证您的合法权益,请您在购物时索要小票,并凭小票处理解决问题。

Wèile bǎozhèng nín de héfǎ quányì, qǐng nín zài gòuwù shí suǒyào xiǎopiào, bìng píng xiǎopiào chǔlǐ jiějué wèntí.

To ensure your legal rights and interests, please ask for the receipts when you purchase, and to solve problems by means of the receipts.

(二)

请您在购物时保管好自己随身携带的财物，以免丢失被盗。
Qǐng nín zài gòuwù shí bǎoguǎn hǎo zìjǐ suíshēn xiédài de cáiwù, bìmiǎn diūshī bèi dào.
Please take care of your own belongings.

2.

国家税务局　　　Guójiā Shuìwùjú　　　the National Taxation Bureau

3. 12315是中国的消费者投诉(tóusù, to complain)举报(jǔbào, to inform)专线电话，当您购物遇到问题时可以拨打这个电话。

消费争议快速解决绿色通道　　xiāofèi zhēngyì kuàisù jiějué lǜsè tōngdào
The green channel to quickly resolve consumer's disputes

4.

候选人	hòuxuǎnrén	candidate
评选	píngxuǎn	to choose
公安交通管理局	Gōng'ān jiāotōng guǎnlǐjú	Public Security Traffic Management Bureau
西城支队	Xīchéng zhīduì	Xicheng branch

# 答案 Key to the exercises

星期一

1. (1) 暴力——力气——气球——球迷——迷路
   (2) 构成——成功——功夫——夫人——人类
2. (1) A   (2) B

星期二

1. (1) D   (2) B   (3) A
2. (1) 阴影   (2) 纠纷   (3) 协议   (4) 亵渎   (5) 猜忌

星期三

1. (1) 主要是因为富人及一般民众普遍缺失遗产规划。
   (2) 遗产规划可以避免法律纠纷,有利于家庭和睦,又能够保护隐私,防止遗产争夺大战。
   (3) 他们担心如果自己现在就做好财产安排,子女会不会"认钱不认人"。
2. (1) √   (2) √   (3) √   (4) ×   (5) √

星期四

1. (一)
   举办 → 婚礼
   回家 → 探亲
   登记 → 结婚

   (二)
   办理 → 手续
   出具 → 证件
   结识 → 朋友

2.

王林	王林的妻子
1. 有效护照或者其他有效的国际旅行证件 2. 所在国公证机关或者有关机关出具的、经中华人民共和国驻该国使(领)馆认证或者该国驻华使(领)馆认证的本人无配偶的证明,或者所在国驻华使(领)馆出具的本人无配偶的证明	1. 户口簿、身份证 2. 无配偶以及与王林没有直系血亲和三代以内旁系血亲关系的签字声明

星期五

1. (1) B   (2) A   (3) C
2. (1) √   (2) ×   (3) √   (4) √   (5) √   (6) ×   (7) ×   (8) √

第八周

睡在板凳上的大科学家

难度：★★ 建议时间：2.5分钟 字数：499

新型绿色生活方式

  2010中国绿色产业和绿色经济高科技国际博览会在北京展览馆召开。在博览会上，未来汽车、未来绿色之家，都让观众体验了高科技带来的新型绿色生活方式。

  （一）未来汽车

  昨天，在绿博会展出的一辆"未来汽车"吸引了众多参观者的目光。这辆红色的小汽车只有1.5米长，形状奇特，看不到发动机，也没有后备箱，看起来像个大摇篮。车顶能掀开，两名乘员由此进入，旁边两个轮子也被巧妙地隐藏起来。据工作人员介绍，此车整车重量仅400多公斤，行驶起来就像在马路上滑行，十分具有未来感。

  此车还可以实现车内联网，并具有一定自动驾驶的功能。驾驶员通过车内的控制屏收发邮件，还能与开同款车的人进行视频通话，甚至召开视频会议。此车的动力完全由锂电池提供，可通过普通家庭电源进行充电，实现完全零排放。据了解，这款汽车全球不到10辆，曾在世博会上展示过。

  （二）未来之家

  我们未来的"绿色之家"是什么样呢？绿博会上展示的绿色之家将再也不需要暖气和普通空调，新型的地源热泵空调可以全部搞定。该空调冬季可以从土壤中吸取能量，让循环水的温度升高，夏季可将室内的热量带走排放到土壤中，实现冷热交替。这个交替过程只花费少量的电能，主要是利用地表土壤和水体太阳能，绿色环保。

（改编自京华时报）

小贴士

中国绿色产业和绿色经济高科技国际博览会于2010年11月24日~27日在北京展览馆举行,这是目前中国举办的规模最大、商机最多的一次有关绿色产业和绿色经济的博览会,主要是要引导中国企业向清洁能源、环境保护、低碳技术、循环经济等领域转移。图为在此次绿博会上展出的未来汽车。

生词 New words

1.	博览会		bólǎnhuì	exposition; fair
2.	奇特	(形)	qítè	peculiar; queer
3.	后备箱	(名)	hòubèixiāng	trunk (of a car)
4.	摇篮	(名)	yáolán	cradle
5.	控制屏	(名)	kòngzhìpíng	control panel
6.	锂电池	(名)	lǐ diànchí	lithium battery
7.	地源热泵		dì yuán rè bèng	ground-source heat pump
8.	土壤	(名)	tǔrǎng	soil

专有名词 Proper names

北京展览馆　　Beijing Zhǎnlǎnguǎn　　Beijing Exhibition Center

学一学 Grammar

……吸引……(的)目光

常用搭配,表示引起关注。

(1) 唱歌的时候,我觉得我是世界上最幸福的人,因为我的歌声吸引了所有人的目光。

(2) 北海公园是世界上保存得最完好的皇家园林,它以秀丽的景色吸引着中外游客的目光。

(3) 中国在人民币汇率问题上的一举一动都吸引着全世界的目光。

 Exercises

根据课文内容，选择正确答案
Choose the correct answer according to the text

(1) 2010中国绿色产业和绿色经济高科技国际博览会在（　）召开。
　　A. 北京博物馆　　　　　　　B. 北京展览馆
　　C. 首都博物馆　　　　　　　D. 北京农业展览馆

(2) 下面关于在绿博会上展出的未来汽车的说法，错误的是（　）
　　A. 这辆汽车是红色的，而且只有1.5米长。
　　B. 形状奇特，看不到发动机，不过有后备箱。
　　C. 乘客只能由车顶进入这辆汽车。
　　D. 这辆车吸引了很多参观者的目光。

(3) 这辆未来汽车有（　）重。
　　A. 400多斤　　　　　　　　B. 八百多公斤
　　C. 八百多斤　　　　　　　　D. 不知道

(4) 驾驶员可以通过控制屏（　　　）。
　　A. 收发邮件　　　　　　　　B. 能与开同款车的人进行视频通话
　　C. 能与开同款车的人召开视频会议　D. 以上三者都是

(5) 这辆汽车能完全实现零排放的原因是（　　）。
　　A. 它的动力完全由锂电池提供
　　B. 它的动力完全由太阳能提供
　　C. 它的动力完全由风能提供
　　D. 它的动力完全由水能提供

(6) 关于未来绿色之家的说法，错误的是（　　）。
　　A. 未来绿色之家不再需要暖气。
　　B. 冬季未来绿色之家靠新型的地源热泵空调从土壤中吸收热量来保持屋内温度。
　　C. 夏季未来绿色之家也可以通过新型的地源热泵空调将室内的热量排到土壤中。
　　D. 未来绿色之家通过新型的地源热泵空调实现屋内外冷暖交替的时候，不需要消耗电能，所以绿色环保。

难度：★★★　　建议时间：3分钟　　字数：559

睡在板凳上的大科学家

20世纪60年代中期，为了进行"东风三号"全程试验和其他试验任务,中央军委决定在山西建设新的发射试验基地。该基地从1966年初勘察选点开始,到1968年末第一期工程主要项目基本完成,随后便投入发射试验。可以想象,在这种情况下,除了基本发射阵地、技术阵地等验收合格之外,连通信指挥及配套工程都是十分简易的,更不用说各种生活配套设施了。

基地刚建成不久,钱学森便赴山西太原发射中心,组织指挥导弹发射任务。中国火箭技术研究院的于龙淮等随钱学森一同前往,于龙淮担任这次发射任务的组织协调工作,和钱学森一同在指挥中心值班。

导弹原定下午5时发射,因准备工作出现问题,发射先是推迟到午夜,而后又推迟至第二天凌晨。一夜没睡,一些年轻人有些撑不住了,大家都劝当时已近60岁的钱学森离开指挥大厅去休息,但钱学森却坚持要留在指挥岗位上。那个指挥厅非常简陋,除了几个桌子板凳,连个沙发椅都没有。钱学森便和大家一样,搬来两个木板凳并在一起,和衣躺下休息。

看着身穿旧军装躺下的钱学森,于龙淮心中的不安和敬意油然而生。他想:这么一位科学家,如果待在美国,工作、生活条件不知道比回到国内要好上多少倍,但他却毅然决然回来了。为了祖国的强盛,他如今和我一起躺在这又冷又硬的板凳上,我是一个年轻人,而他却是一位快60岁的老人呀!想着想着,于龙淮的眼睛湿润了,泪水模糊了他的眼睛。

(改编自《人民日报》)

钱学森(Qián Xuésēn)出生于上海,毕业于美国加州理工学院,二十八岁时成为世界知名的空气动力学家,是中国航天事业的奠基人(diànjīrén, founder)。

"东风三号"是中国自己完全独立研究制造的一种导弹。

生词 New words

1. 发射　　(动)　fāshè　　　to launch
2. 基地　　(名)　jīdì　　　 centre; (military) base

3. 勘察	（动）	kānchá	to reconnoiter (an area for engineering or other purposes)
4. 阵地	（名）	zhèndì	position
5. 验收		yànshōu	to check and accept
6. 通信	（动）	tōngxìn	to correspond
7. 配套	（动）	pèitào	to assort
8. 导弹	（名）	dǎodàn	missile
9. 协调	（动）	xiétiáo	to coordinate
10. 撑不住		chēng bú zhù	to be unable to endure any more
11. 和衣		hé yī	(sleep) with one's clothes on
12. 油然而生		yóu rán ér shēng	(of a feeling) arise spontaneously
13. 毅然	（副）	yìrán	resolutely
14. 决然	（副）	juérán	determinedly

专有名词 Proper names

中央军委　　Zhōngyāng Jūnwěi　　The Central Military Commission (是中国共产党中央军事委员会的简称)

学一学 Grammar

1. 连……都/也……，更不用说……

常用搭配，表示强调；"连"后面接的是强调的对象。

（1）小雨现在穷得连租金都付不起了，更不用说押金了。

（2）这个汉字连中国人也不会写，更不用说外国留学生了。

（3）有些事情他们连会也不开了，更不用说研究了，私下里就悄悄办了。

2. 油然而生

（某种思想感情）自然地、发自内心地产生。

（1）他觉得自己在工作上的能力无法展示出来，心理失去了平衡，辞职的想法油然而生。

（2）她热情周到的照顾让我紧张的心踏实了许多，温暖之情油然而生，到现在我都清楚地记得。

（3）比赛赢得了冠军，小刘的心里激动了好一阵，一种胜利者的自豪感油然而生。

练一练 Exercises

1. 选择合适的词替换画线部分

Select the appropriate word to replace the underlined portion

（1）一夜没睡，一些年轻人有些<u>坚持不下去</u>（撑不住　撑得住）了。

（2）那个指挥厅里除了几个桌子板凳，连个沙发椅都没有，条件非常<u>差</u>（简陋　简单）。

（3）钱学森便和大家一样，搬来两个木板凳并在一起，<u>穿着衣服</u>（合衣　和衣）躺下休息。

（4）在美国的工作条件和生活条件都比国内要好得多，但他却<u>坚定地</u>（毅然　毅力）回来了。

2. 根据课文内容，判断正误（正确的画√，错误的画×）

Decide whether the following statements are true(√) or false(×) according to the text

（1）20世纪60年代中期，中央军委决定在山西建设新的发射试验基地。

（2）基地刚建成不久，基本的发射阵地和技术阵地都不合格，更不用说配套工程和各种生活配套设施了。

（3）钱学森和于龙淮两人同时负责指挥导弹发射任务。

（4）导弹原本定于下午五点发射，后来被推迟到第二天凌晨。

（5）因为不知道美国的生活条件和工作条件到底比国内要好多少，所以钱学森决然选择了回国。

难度：★★★　　建议时间：3分钟　　字数：568

6天盖15层楼？

不久前，一个从世博会回到家的西班牙记者，将他在远大馆拿到的一个视频，放在了youtube上。让西班牙人<u>始料未及</u>的是，这个视频迅速在网上形成"爆炸性"的传播之势，<u>围观者</u>达数百万之众。"6天建成15层大楼"引起的惊呼<u>此起彼伏</u>，围观队伍继续壮大，其中不乏CCTV等主流媒体。

惊讶、赞叹、猜忌、质疑，各种声音<u>纷至沓来</u>。这楼怎么盖的？

"钢结构的搭建用了46小时38分钟，剩下的时间做的是外墙装配与内部简单装修。"该公司的销售中心总经理小赵能说出非常精确的时间，他表示他们也想通过此次施工过程的<u>实时录像</u>，了解具体需要多少工时。

准确地说,"6天"是有前提的。实际上大楼的地基是提前打好的,用时一个月。与此同时,包括墙柱、楼板、墙体、楼梯等构件也陆续生产完成。一切准备工作就绪后,这才开始最后的"冲刺"。 也许还应该计入一段时间,为了打造这一建筑,他们花费了近两年的时间进行设计和相关配套产品的研发。

这个建筑的技术含量不低,施工门槛却并不高。小赵介绍说,只要地表下的基础符合当地要求,楼体建筑可以在任何地区建设,而对于施工人员只需要一周时间的培训,简单地说,"会上螺丝就行"。

6天建15层宾馆,建筑质量怎么样?"6天盖出15层酒店"是喜还是忧?对于这些在网友惊叹后发出的冷静声音,小赵的心态和"走红"前的心态差不多,不愿做太多回应,他表示实践才是检验真理的唯一标准,要用事实来说话。

(改编自科技网)

小贴士

中国2010年上海世博会远大馆是一个可以自由移动的场馆,远大馆主体分别是一幢"L"形和一幢金字塔形的建筑,其中"L"形建筑最高为八层,另一面为两层,展示有机食物、洁净水、洁净空气等内容,提倡低碳环保的生活方式。

生词 New words

1. 始料未及		shǐ liào wèi jí	unexpected
2. 爆炸性		bàozhà xìng	breaking (news)
3. 围观	(动)	wéiguān	(of a crowd of people) to watch
4. 此起彼伏		cǐ qǐ bǐ fú	continuously rising and falling
5. 纷至沓来		fēn zhì tà lái	to come in a continuous stream
6. 实时	(副)	shíshí	real time; actual time
7. 就绪	(动)	jiùxù	to be in order
8. 冲刺	(动)	chōngcì	to make a dash towards the tape
9. 螺丝	(名)	luósī	screw

学一学 Grammar

1. 始料未及

指没有想到。

(1) 中国经济的发展速度让人始料未及。

(2) 出现如此惨的状况，大家始料未及。

(3) 如果不认真研究和对待这些变化，总有一天我们会遇到一些始料未及的问题。

2. 此起彼伏

这里起来，那里落下。形容接连不断地发生。

(1) 赛场上的加油声此起彼伏。

(2) 山洞里的水声叮叮咚咚，此起彼伏。

(3) 这里的野生动物有两百余种，鸣叫声此起彼伏，就像是自然交响乐，十分好听。

3. 纷至沓来

形容连续不断地到来。

(1) 这里风景秀丽，春夏时节国内外游客纷至沓来。

(2) 这家公司的发展空间大，待遇好，所以招聘广告一贴出来，应聘的人就纷至沓来。

(3) 随着广州社会治安的明显好转以及投资环境的改善，投资者纷至沓来。

练一练 Exercises

1. 连线，组成短语
Match and form a phrase

（一）		（二）	
迅速	惊呼	实时	产品
引起	传播	配套	标准
主流	媒体	检验	录像

2. 指出下列句子是什么意思
Choose the best meaning for each sentence

(1) 让西班牙人始料未及的是，这个视频迅速在网上形成"爆炸性"的传播之势。

  A. 让西班牙人没想到的是，这个视频在网上传播得如此迅速。

  B. 西班牙人早就料到，这个视频肯定很快会在网上传播开来。

  C. 让西班牙人没想到的是，这个视频在网上的传播速度会这么慢。

(2) 围观队伍继续壮大，其中不乏CCTV等主流媒体。

  A. 围观的人越来越多，其中缺少CCTV这样的主流媒体。

  B. 围观的人数继续增加，其中有不少CCTV这样的主流媒体。

  C. 围观的人数减少了，但是其中有CCTV这样的主流媒体。

(3) 这个建筑的技术含量不低,施工门槛却并不高。

　　A. 这个建筑的技术含量比较高,可是对工人的施工技术要求不高。
　　B. 这个建筑的技术含量比较高,对工人的施工技术要求也比较高。
　　C. 这个建筑的技术含量不太高,对工人的施工技术要求也不太高。

难度:★★★　　建议时间:3.5分钟　　字数:604

你的视听谁做主?

中国上网接入速率远低于日本、韩国以及中国香港,而中国宽带用户平均月资费水平相当于韩国的一百余倍。对于前者的落后,我们可以"理解":咱是发展中国家嘛,希望在于未来;但对于后者,我们却不免愤愤不平。

统计数据早已显示,中国是全球宽带用户增长最快的国家之一,现在拥有4.2亿网民,成本即使不是全球最低,也不应是全球最贵,可为何宽带资费却"高烧不退"呢?原因就在于中国电信行业的特性——垄断。这是在日前召开的"宽带互联网反垄断研讨会"上,众多专家的直言宣示。

毋庸讳言,中国宽带的垄断主体就是电信的三巨头:电信、联通、移动,三家占据中国国际出入口宽带的98%。一般而言,技术进步了,网络成本就会降低。可就是因为这种垄断,我们的宽带资费仍然维持在高价位上。

打破垄断的最好方式无疑是增强竞争性,增强竞争的最好方法就是增加市场内的竞争主体。假如中国的骨干网运营商增加到五六家甚至更多,那么竞争环境将得到明显改善,技术的发展也会更为迅速,消费者也会更加受益。虽然这很有些难度,但是目前的三网融合无疑是个契机。如果广电总局的NGB(下一代广播电视网)规划能够如期实现,那么,到2015年,广电总局就将建成规模化的覆盖全国的运营网络,单用户实际接入速率将达到100M,这种实力已足以与中国电信展开正面较量。

打破电信行业的垄断,不仅仅关乎产业发展,也关乎每个民众,因为这将决定我们视听的选择面与质量。垄断的氛围打破,新的竞争主体介入,对行业以及公众来说绝对是件好事。

(改编自科技日报)

小贴士 广电总局是国家广播电影电视总局（The State Administration of Radio Film and Television）的简称。

生词 New words

1. 宽带	（名）	kuāndài	broadband
2. 愤愤不平		fèn fèn bù píng	to be indignant
3. 垄断	（名）	lǒngduàn	monopoly
4. 研讨会		yántǎohuì	seminar; symposium
5. 毋庸讳言		wù yōng huì yán	needless to say
6. 骨干	（名）	gǔgàn	backbone; mainstay
7. 契机	（名）	qìjī	turning point
8. 如期	（副）	rúqī	by the scheduled time
9. 覆盖	（动）	fùgài	to cover
10. 较量	（动）	jiàoliàng	to compete
11. 关乎	（动）	guānhū	to concern; to involve

学一学 Grammar

1. 愤愤不平

心中不服，感到非常气愤。

（1）人们为小李受到的不公正待遇愤愤不平。

（2）车祸肇事者竟然开车逃走了，这让很多看到这起交通事故的人愤愤不平。

（3）他的情绪虽然基本稳定了，但仍然有些愤愤不平。

2. 毋庸讳言

指可以直说。

（1）毋庸讳言，全球的环境状况让人担忧。

（2）在社会制度方面，亚洲国家和美洲国家之间的差异是毋庸讳言的。

（3）毋庸讳言，中学生的高消费现象是家庭和社会共同造成的。

练一练 Exercises

1. 选词填空

   Choose the correct words

   关乎　　较量　　垄断　　如期　　骨干

   （1）厂家收到了预付款，因此货物＿＿＿＿送到了。

（2）经过几次_____，小明最终夺得了冠军。
（3）教育事业的成败_____祖国的未来。
（4）自从几名技术_____辞职后，公司的实力就日益削弱了。
（5）科技促使品牌_____市场。

2. 指出下列句子是什么意思
   Choose the best meaning for each sentence
（1）中国的宽带成本即使不是全球最低，也不应是全球最贵。
   A. 中国的宽带成本既不是全球最低的，也不是全球最贵的。
   B. 中国的宽带成本就算不是全球最低，也不应该是全球最贵。
   C. 中国的宽带成本不是全球最低的，而是全球最贵的。
（2）为何中国的宽带资费高烧不退呢？
   A. 为什么中国的宽带费用仍然维持在高价位呢？
   B. 为什么中国的宽带费用发高烧了呢？
   C. 为什么中国的宽带费用有时候高有时候低呢？
（3）假如中国的骨干网运营商增加到五六家，甚至更多，那么竞争环境将得到明显改善，技术的发展也会更为迅速。
   A. 如果中国的主要网络运营商的数量增加，那么就会大大改善竞争环境，同时也会进一步提高技术发展的速度。
   B. 如果中国的主要网络运营商的数量增加，那么就会大大改善竞争环境，但是技术发展的速度不会有很大提高。
   C. 中国的主要网络运营商的数量增加，只能稍微改善竞争环境，技术发展的速度也不会受到太大影响。
（4）打破电信行业的垄断，不仅仅关乎产业发展，也关乎每个民众。
   A. 打破电信行业的垄断，只关系到产业的发展，跟普通老百姓没有关系。
   B. 打破电信行业的垄断，不会影响产业的发展，也不会影响普通老百姓的生活。
   C. 打破电信行业的垄断除了关系到产业的发展以外，也关系到每个普通老百姓。

| 难度：★★★★ | 建议时间：3.5分钟 | 字数：619 |

世界上究竟有没有UFO？

章华从1986年开始，就像"福尔摩斯"一样去断市民们认为的各种"UFO（Unidentified flying object）"奇案。他相信这个世界上有UFO，但他本人一直没有遇到过。"UFO就是<u>不明飞行物</u>，一切解释不了的现象都可以<u>归结</u>为UFO。但这些不明飞行物不等同于外星人的飞碟。"他说,他也相信有外星人,但外星人不会那么勤快地来地球。

　　让章华至今记忆犹新的是1991年发生在上海崇明的神奇光亮事件。那是1月中旬的一天,上海早班公交车司机去崇明,他看到前方有个光束,就像是飞碟一样,似乎是冲着公交车而来。司机吓得一路往前跑,回头看,还是看到了一束神秘的光。当时,上海疯传公交司机遇上了外星人的飞碟。章华实地进行了调查,采访了当时的司机、售票员以及11名乘客,还去了现场,章华发现,其实是人们的恐惧心理造成的一场闹剧。

　　"那条路很空旷,两边有路灯,还有两排民居。那天,司机开过的时候,早起居民开了灯。由于车内比车外亮,开车人平时看到的都是黑乎乎的景象,而那天居民开了灯,加上路灯映射,两种灯光交织,远远看去,似乎是一个个摇曳的格子在闪动;车子开过后,车内人回头再看,还是同样的原因,感觉后面有光在追。"章华说,调查的时候,他请居民又早起了一次,把场景重现了一遍,果然和司机看到的情况一模一样。

　　除了这种灯光造成的误会外,还有就是飞机。雷达其实也是有盲区的。1948年,英国一个飞行员为了追一个不明飞行物,结果牺牲了,被认为是第一个因UFO而牺牲的人,但那实际上是由于金星的原因导致的。那个飞行员追的是金星,自然是永远也追不到的。

　　UFO,全称为不明飞行物,一些人相信它是来自其他行星的太空船,也有一些人认为它属于自然现象。全世界许多国家都展开了对UFO的研究,世界各国都有一批专家参加这项工作。关于UFO的专著也有三百五十余种。

生词 New words

1. 断	（动）	duàn	to judge; to decide
2. 不明	（形）	bùmíng	unknown
3. 归结	（动）	guījié	to sum up

4. 勤快	（形）	qínkuài	diligent; hard-working
5. 记忆犹新		jìyì yóu xīn	to remain fresh in one's memory
6. 光束	（名）	guāngshù	light beam
7. 闹剧	（名）	nàojù	farce
8. 空旷	（形）	kōngkuàng	open; spacious
9. 交织	（动）	jiāozhī	to interweave; to intertwine
10. 摇曳	（动）	yáoyè	to flicker; to sway
11. 盲区	（名）	mángqū	blind area
12. 金星	（名）	jīnxīng	Venus

 Grammar

1. 记忆犹新

过去的事,到现在还记得非常清楚,就像刚才发生的一样。
(1) 我对25年前的那场演唱会仍然记忆犹新。
(2) 我出入美国海关差不多上百次,有几次经历让我至今记忆犹新。
(3) 三十年前一部叫《创业》的电影,大多数中国人还记忆犹新。

2. 冲着……(而)来(的)

常用搭配,指出某种行为或现象产生的原因。
(1) 有不少外商并了解昆山,他们是冲着上海而来的,到了上海才听说附近还有个昆山经济技术开发区。
(2) 这家连锁店重视"药茶文化",受到了不少人尤其是年轻人的青睐,有不少人是冲着"文化"而来的。
(3) 据调查,百分之五十的外商是冲着中国丰富而廉价的劳动力资源而来华投资的。

 Exercises

1. 根据课文内容,判断正误(正确的画√,错误的画×)

Decide whether the following statements are true(√) or false(×) according to the text

(1) 章华相信世界上有UFO,而且他也遇到过。
(2) 章华认为UFO就是不明飞行物,而不明飞行物就是外星人的飞碟。
(3) 1991年发生在上海崇明的神奇光亮事件,章华现在仍然记得非常清楚。
(4) 司机吓得一直往前跑,不敢回头看,他以为自己遇到了外星人的飞碟。
(5) 经过实地调查,章华断定这是人们的恐惧心理造成的一场闹剧。
(6) 司机看到的神秘的光是居民的灯和路灯交织而成的。
(7) 1948年,英国一个飞行员为了追金星,结果牺牲了。

2. 讨论题

你相信世界上有UFO吗?

词汇盘点 Key words extended

奇特	协调	冲刺	骨干	不明
打扮奇特	协调能力	最后冲刺	骨干企业	下落不明
现象奇特	色彩协调	冲刺阶段	骨干力量	航向不明
想象奇特	加强协调	全力冲刺	技术骨干	不明事理
奇特的设计	协调好各部门的关系	向终点冲刺	文艺骨干	不明真相

玩转周末 Fun weekend

猜一猜 Guess

天气非常冷,为什么小明反而在脱衣服呢?

大纸篓

这天,爱因斯坦来到了他在普林斯顿大学的办公室。有人问他需要什么工具。"我看,一张书桌、一把椅子和一些纸张铅笔就行了。啊,对了,还要一个大废纸篓。"他说。"为什么要大的?""好让我把所有的错误都扔进去。"

(改编自www.xxhh.net)

A Large Wastebasket

One day, Einstein came to his office at Princeton University. Someone asked him what tools he needs. "Let me see, a desk, a chair and some paper and pencils are enough. Ah, yes, and also a large wastebasket." he said. "Why do you need a large one?" "So I can throw all the errors into it."

 在哪儿见过? Where have you ever seen these pictures?

1. 这是中关村科技园区的电子城科技园。

2. 清华科技园位于中关村科技园区的核心地带,这里有很多著名的高等院校和研究院所,是中国最大的智力密集区。它是清华大学加速科技成果向生产力转化,促进产、学、研合作,建设世界一流大学的重要基地。

3. 中国科技馆是国家综合性科技馆,在开展展览教育的同时,也组织各种科普实践活动、培训实验活动,让参观者通过亲身参与加深对科学的理解。

中国科学技术馆　　Zhōngguó kēxué jìshùguǎn　　China sicence and technology museum

4. 中国北京国际科技产业博览会,简称科博会,创办于1998年,每年5月定期在北京举办国家级的大型科技博览会,旨在促进高新技术产品的商品化、市场化和国际化。2011年5月北京举行了第十四届中国北京国际科技产业博览会。

答案 Key to the exercises

星期一

1. B 2. B 3. C 4. D 5. A 6. D

星期二

1.（1）撑不住　（2）简陋　（3）和衣　（4）毅然
2.（1）√　（2）×　（3）×　（4）√　（5）×

星期三

1. （一）
迅速 —— 惊呼
引起 —— 传播
主流 —— 媒体

（二）
实时 —— 产品
配套 —— 标准
检验 —— 录像

2.（1）A　（2）B　（3）A

星期四

1.（1）如期　（2）较量　（3）关乎　（4）骨干　（5）垄断
2.（1）B　（2）A　（3）A　（4）C

星期五

1.（1）×　（2）×　（3）√　（4）×　（5）√　（6）√　（7）√
2. 略

玩转周末

因为小明要去洗澡。

第九周

中国历史上的第一个皇帝

 难度：★★　　建议时间：2.5分钟　　字数：416

中国的唐朝

唐朝是中国历史上贡献最大、国力最强、历时最长的王朝之一，共276年，其中一半时间在黄金时代之内。唐太宗李世民是中国历史上最伟大的领导者之一，在他的统治下，又一次统一了中国，使中国进入了另一个辉煌的时代，因此，海外的中国人现在叫唐人，聚居的地方叫"唐人街"。

唐朝的科举和教育制度影响中国达1300年之久。除各地有州学和县学等学府外，首都长安有三所最高学府为尚书省礼部的国子监、门下省的弘文馆和皇太子的崇文馆，唐初时国子监的学生已达三千余人，还有很多来自外国的留学生。

文学方面，唐朝有惊人的发展，唐诗的黄金时代就在这时达到巅峰。著名的有李白、杜甫等。当时的音乐、舞蹈、诗歌、绘画对中国后代的子孙以及周边国家产生的深远影响不可估量。

唐朝时候，中国经济和文化处于世界先进地位，对外交通比过去发达，唐和亚洲其他国家及欧洲等各国之间的往来出现前所未有的盛况。唐朝和朝鲜半岛的新罗一直保持着友好关系。唐和日本关系更加密切，唐文化对日本影响很大。

（改编自雅虎知识堂）

左图是李白。他是中国唐代伟大的浪漫主义诗人，被后人尊称为"诗仙"。

生词 New words

1. 贡献	（名）	gòngxiàn	contribution
2. 统治	（动）	tǒngzhì	to dominate; to reign
3. 辉煌	（形）	huīhuáng	brilliant; splendid
4. 科举	（名）	kējǔ	imperial examinations
5. 盛况	（名）	shèngkuàng	a grand occasion

补充词语 Added words

1. 国子监	Guózǐjiàn	Imperial Academy
2. 弘文馆	Hóngwénguǎn	the name of government office in Tang dynasty
3. 崇文馆	Chóngwénguǎn	the name of government office in Tang dynasty
4. 尚书省	Shàngshūshěng	Council of Advisors to the Throne
5. 门下省	Ménxiàshěng	Ministry of Counseling and Functionary Management of Tang Dynasty
6. 皇太子	huángtàizǐ	a crown prince; the Prince Imperial

专有名词 proper names

1. 唐朝	Tángcháo	the Tang Dynasty
2. 唐太宗	Tángtàizōng	the posthumous title of the second emperor in Tang Dynasty
3. 李世民	Lǐ Shìmín	the second emperor's name in Tang dynasty
4. 李白	Lǐ Bái	one of the greatest poets in Tang dynasty
5. 杜甫	Dù Fǔ	one of the greatest poets in Tang dynasty
6. 新罗	Xīnluó	Silla

学一学 Grammar

1. 对……产生……影响

常用搭配。

（1）父母的良好品行通常会对他们的孩子产生积极的影响。

（2）新一轮的调控政策对楼市产生了明显的影响。

（3）公司此次人事调动将对公司未来的发展产生深远的影响。

2. 不可估量

形容数量大或程度重。

（1）世界杯对南非经济产生的影响不可估量。

（2）他的失误给公司造成了不可估量的后果。

（3）圆明园的毁灭是中国文化史上不可估量的损失，也是世界文化史上不可估量的损失。

练一练 Exercises

1. 在下列空格中填入合适的汉字，使得上下左右能组成词或短语

   Fill in the blanks in a character, so with the Chinese characters around it can be composed of a phrase

2. 根据课文内容，完成表格

   Complete the form according to the text

唐朝一共有多少年	
唐朝最伟大的领导者	
唐朝的首都	
长安的三所最高学府	
唐朝著名的诗人	

难度：★★★　建议时间：3分钟　字数：445

秦始皇

秦始皇是中国历史上第一个大一统王朝——秦王朝的<u>开国皇帝</u>。公元前247年，秦始皇13岁时继承王位，因为年龄太小朝政由<u>太后</u>和吕不韦掌管。公元前238年，秦始皇22岁时，开始"亲理朝政"，先后<u>消灭</u>了韩、赵、魏、楚、燕、齐六国，39岁时完成了统一中国<u>大业</u>，建立起一个以汉族为主体、多民族统一的<u>中央集权</u>的强大国家——秦朝，定都咸阳。秦始皇认为自己的功劳胜过之前的三皇五帝，将大臣议定的尊号改为"皇帝"。秦始皇是中国历史上第一个使用"皇帝"称号的君主，对中国和世界的历史均产生了深远而重大的影响，明代思想家李贽誉为"千古一帝"。

为了<u>巩固</u>自己的统治，秦始皇下令统一和简化文字，这大大加强了不同民族之间的文化<u>融合</u>和经济的交流发展，使得两千多年来在中国大地上，不管相距多远，从几公里到相距数千公里，不管不同地域的人们生活习惯和语言差别多大，但只要读书识字，便可实现无障碍的交流，这一切全归功于秦始皇统一文字的功劳。统一和简化汉字也是对我国古代文字发展、演变做了一次总结，也是一次大的文字整理和改革，他对我国文化的发展起了重大作用。

（改编自西陆网）

小贴士

左图就是秦始皇，三皇五帝是中国在夏朝以前出现在传说中的"帝王"。现在看来，他们都是部落（bùluò, a tribe）首领，由于实力强大而成为部落联盟（liánméng, alliance）的领导者。秦始皇为表示其地位之崇高（chónggāo, lofty）无比，便采用三皇之"皇"、五帝之"帝"构成"皇帝"的称号。

生词 New words

1.	开国	（动）	kāiguó	to found a country or state
2.	公元前		gōngyuán qián	BC
3.	朝政	（名）	cháozhèng	affairs of state
4.	太后	（名）	tàihòu	the mother of an emperor or king
5.	消灭	（动）	xiāomiè	to wipe out; to eliminate
6.	中央	（名）	zhōngyāng	the central authorities
7.	集权	（动）	jíquán	to centralize
8.	定都		dìng dū	to choose a site for the capital; to establish a capital
9.	功劳	（名）	gōngláo	merit; praiseworthy achievement
10.	巩固	（动）	gǒnggù	to consolidate; to strengthen; to solidify
11.	简化	（动）	jiǎnhuà	to simplify
12.	融合	（动）	rónghé	to merge

专有名词 Proper names

1.	秦始皇	Qín Shǐhuáng	the first emperor of China
2.	吕不韦	Lǚ Bùwéi	the prime minister of Qin State in Warring States Period
3.	咸阳	Xiányáng	the capital of Qin Dynasty
4.	李贽	Lǐ Zhì	a great thinker in Ming Dynasty

学一学 Grammar

1. 由……掌管

常用搭配，"由"后一般跟人做宾语。

(1) 他说家里的财政大权由妻子掌管。

(2) 由于经理出了事，这家公司暂由副经理掌管。

(3) 我们学校的人事大权由副校长掌管。

2. 被(……)誉为

常用搭配，表示称赞或赞美某个人、某个地方或机构。

(1) 钱学森被誉为中国导弹之父。

(2) 被誉为"童话世界"的九寨沟是我梦寐以求的地方。

(3) 河南登封少林寺被誉为武术的故乡。

1. **连线，组成短语**
   Match and form a phrase

   （一）

   掌管　　　　王位
   继承　　　　文字
   统一　　　　朝政

   （二）

   产生　　　　北京
   巩固　　　　统治
   定都　　　　影响

2. **根据课文内容，选择正确答案**
   Choose the correct answer according to the text

   （1）下面有关秦始皇的说法，哪一个是错的？
   　　A. 被明代思想家李贽誉为"千古一帝"
   　　B. 统一和简化了文字
   　　C. 22岁时继承王位
   　　D. 是中国历史上第一个大一统王朝——秦王朝的开国皇帝

   （2）秦始皇39岁时做了什么事？
   　　A. 继承王位
   　　B. 统一了中国大业，定都咸阳
   　　C. 统一和简化文字
   　　D. "亲理朝政"，先后消灭了韩、赵、魏、楚、燕、齐六国

   （3）秦始皇下令统一和简化文字有什么作用？
   　　A. 人人加强了不同民族之间的文化融合和经济的交流发展
   　　B. 实现了无障碍的交流
   　　C. 是对我国古代文字发展、演变做了一次总结，也是一次大的文字改革
   　　D. 以上都是

难度：★★★　　建议时间：3.5分钟　　字数：584

清明节习俗

每年的4月5号是中国的传统节日——清明节，它是最重要的祭祀节日，是祭祖和扫墓的日子。

清明节的习俗是丰富有趣的，除了讲究禁火、扫墓，还有踏青、荡秋千、蹴鞠等一系列风俗体育活动。现代中国人清明节的主要活动是扫墓和踏青。

荡秋千

这是中国古代清明节习俗。它的历史很古老,最早叫千秋,后为了避忌讳,改为秋千。古时的秋千多用树枝为架,再系上彩带做成。后来逐步发展为用两根绳加上踏板的秋千。荡秋千不仅可以增进健康,而且可以培养勇敢精神,至今为人们特别是儿童所喜爱。

蹴鞠

鞠是一种皮球,球皮用皮革做成,球内用毛塞紧。蹴鞠,就是用脚去踢球。这是古代清明节时人们喜爱的一种游戏。相传是黄帝发明的,最初目的是用来训练武士。

踏青

又叫春游。三月清明,春回大地,自然界到处呈现一派生机勃勃的景象,正是踏青的大好时光。中国民间长期保持着清明踏青的习惯。

植树

自古以来,中国就有清明植树的习惯。有人还把清明节叫做"植树节"。植树风俗一直流传至今。1979年,人大常委会规定,每年三月十二日为中国的植树节。这对动员全国各族人民积极开展绿化祖国活动,有着十分重要的意义。

放风筝

也是清明时节人们所喜爱的活动。每逢清明时节,人们不仅白天放,夜间也放。夜里在风筝线上挂上一串串彩色的小灯笼,像闪烁的星星,被称为"神灯"。过去,有的人把风筝放上蓝天后,便把线剪断,任凭清风把它们送往天涯海角,据说这样能除病消灾,给自己带来好运。

(改编自搜狐网)

蹴鞠在中国流传了两千三百多年,它起源于春秋战国时期的齐国,唐朝、宋朝时期最为繁荣。

生词 New words

1. 清明节		qīngmíng jié	Tomb Sweeping Day
2. 祭祀	（动）	jìsì	to offer sacrifices to gods or ancestors
3. 扫墓		sǎo mù	to visit a tomb
4. 踏青	（动）	tàqīng	to go for a walk in early spring
5. 荡秋千		dàng qiūqiān	to play on a swing
6. 蹴鞠	（动）	cùjū	to kick a leather ball
7. 系	（动）	jì	to tie; to fasten
8. 彩带	（名）	cǎidài	colored ribbon
9. 绳	（名）	shéng	rope
10. 踏板	（名）	tàbǎn	treadle
11. 武士	（名）	wǔshì	warrior; knight
12. 生机勃勃		shēngjī bó bó	full of vigor
13. 闪烁	（动）	shǎnshuò	to glisten; to glitter; to twinkle

补充词语 Added words

人大常委会	Réndà chángwěihuì	Standing Committee of the National People's Congress

 学一学 Grammar

1. 为/被……所

常用搭配，"所"后一般用动词。

（1）做整形手术已经为更多的中国人所接受。

（2）通过网上投票的方式,让那些优秀共产党员的事迹走进千家万户,为更多的人所了解。

（3）周杰伦一直是为广大青少年所喜爱的歌星。

2. 任凭

（1）连词,表示无论;不管

① 任凭他说得再好听,我也不会相信。

② 任凭遇到什么困难,我也不放弃。

③ 小王一直想把学习成绩提上去,可是任凭他怎么努力,成绩还是没有显著的提高。

（2）连词，表示即使

① 任凭工作再忙，我们也要抽时间锻炼身体。

② 我下决心要做的事情，任凭困难再大，我也会坚持做好。

（3）介词，表示任由

① 这事任凭他们去办，你不必过问。

② 她没有打伞，任凭雨水把自己淋湿。

③ 我要是错了，任凭你们处罚。

1. 选词填空

Choose the correct words

任凭　　系　　生机勃勃　　踏青　　闪烁

（1）他所创立的公司，刚上市，股份就被股东们纷纷抢购，前景呈现一片_____之势。

（2）阳春三月，春暖花开，正是春游_____好时候。

（3）_____他怎么努力也拿不到冠军。

（4）她的头发上_____了一根红缎带。

（5）清晨的微风使露珠在绿叶上_____着晶莹的光芒。

2. 选择并完成句子

Choose and complete the following sentences

（1）三月清明，春回大地，自然界到处呈现一派生机勃勃的景象，_____。

　　A. 正是踏青的大好时光　　　　B. 就是踏青的大好时光

（2）每逢清明时节，人们_____白天放，夜间_____放。

　　A. 不仅；也　　　　　　　　　B. 不仅；而且

（3）有的人把风筝放上蓝天后，便把线剪断，_____清风把它们送往天涯海角，_____这样能除病消灾，给自己带来好运。

　　A. 不管；听说　　　　　　　　B. 任凭；据说

难度：★★★　　建议时间：4分钟　　字数：551

藏族的风俗习惯

藏族主要分布在西藏，其余在青海、甘肃、四川、云南等地。藏族人多信喇嘛教。

敬献"哈达"是藏族对客人最普遍、最隆重的礼节，献的哈达越长越宽，表示的礼节也越隆重。对尊者、长辈，献哈达的时候要双

手举过头，身体略向前倾，把哈达捧到胸前。对平辈，只要把哈达送到对方手里或手腕上就行；对晚辈或下属，就系在他们脖子上。如果不鞠躬或用单手送，都是不礼貌的。接受哈达的人最好做和献哈达的人身份相对应的姿势，并表示谢意。

　　藏民在见面打招呼时，点头吐舌表示亲切问候，对方应微笑点头为礼。有客人来拜访，藏民等候在帐外迎接贵客光临。藏民见到长者或尊敬的客人，要脱帽躬身45度，帽子拿在手上接近地面；见到平辈，头稍低就行，帽子拿在胸前，以示礼貌。男女分坐，并习惯男坐左女坐右。

　　藏民对客人有敬献奶茶、酥油茶和青稞酒的礼俗。客人到藏族人家里做客，主人要敬三杯青稞酒，不管客人会不会喝酒，都要用无名指蘸酒弹一下。如果客人不喝、不弹，主人会立即端起酒边唱边跳，前来劝酒。如果客人酒量小，可以喝一口，就让添酒。连喝两口酒后，由主人添满杯，客人一饮而尽。这样，客人喝得不多，主人也很满意。按照藏族习俗，主人敬献酥油茶，客人不能拒绝，至少要喝三碗，喝得越多越受欢迎。

　　藏族人最忌讳别人用手抚摸佛像、经书、佛珠和护身符等圣物，认为是触犯禁规，对人畜不利。

（改编自百度百科）

哈达是现代中国藏族敬献给贵宾的具有民族特色的珍贵礼物，多为白色、蓝色，也有黄色等。此外，还有五彩哈达，颜色为蓝、白、黄、绿、红。蓝色表示蓝天，白色是白云，绿色是江河水，红色是空间护法神（hùfǎshén, guardian of Buddhism），黄色象征大地。五彩哈达是献给菩萨（púsà, Bodhisattva）和近亲时做彩箭用的，是最珍贵的礼物。佛教教义解释五彩哈达是菩萨的服装。所以，五彩哈达只在特定的情况下才用。

生词 New words

1. 喇嘛教	（名）	lǎmajiào	Lamaism (a form of Buddhism practiced in Tibet)
2. 哈达	（名）	hǎdá	a piece of silk used as a greeting gift among the Zang and Mongol nationalities
3. 隆重	（形）	lóngzhòng	solemn; grand
4. 鞠躬		jū gōng	to bow
5. 拜访	（动）	bàifǎng	to visit; to make (or pay) a visit to sb
6. 酥油茶	（名）	sūyóuchá	Tibet butter tea
7. 青稞酒	（名）	qīngkējiǔ	spirit made from highland barley
8. 弹	（动）	tán	to flip
9. 添	（动）	tiān	to add; to increase
10. 抚摸	（动）	fǔmō	to stroke; to fondle
11. 佛像	（名）	fóxiàng	a Buddhist image; a Buddhist statue
12. 经书	（名）	jīngshū	Confucian classics
13. 佛珠	（名）	fózhū	Buddha beads
14. 护身符	（名）	hùshēnfú	amulet; protective talisman

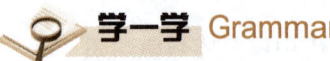 Grammar

1. 一饮而尽

表示一口气就喝完了，形容喝得非常爽快。

（1）他举起酒杯，环顾四周，在鼓励和信任的微笑中，一饮而尽。

（2）在他们的欢呼声中，他把杯子里的啤酒一饮而尽。

（3）刚说完"干杯"，他便一饮而尽。

2. 对……不利

常用搭配，表示对……没有好处。

（1）专家称多吃快餐对儿童的成长不利。

（2）长期喝咖啡对健康不利，尤其会增加人们患心脏病的风险。

（3）大范围降雪对救援不利。

1. 选词填空

    Choose the correct words

    拜访　添　抚摸　鞠躬　隆重

    (1) 这次运动会的开幕式场面很_____。
    (2) 我将在圣诞节前后去_____我的老师。
    (3) 演员们向鼓掌的观众_____表示谢意。
    (4) 咖啡没有了,能不能再给我_____一点?
    (5) 他爱怜地_____着他的妻子。

2. 根据课文内容,判断正误(正确的画√,错误的画×)

    Decide whether the following statements are true(√) or false(×) according to the text

    (1) 藏族主要分布在四川,其余在青海、甘肃、西藏、云南等地。
    (2) 藏族人献的哈达越长越宽,表示的礼节也越隆重。
    (3) 对尊者、长辈,献哈达的时候只要把哈达送到对方手里或手腕上就行。
    (4) 对晚辈或下属,献哈达的时候系在他们的脖子上就行了。
    (5) 接受哈达的人不用做和献哈达的人一样的姿势,只表示谢意就可以了。
    (6) 按照藏族习俗,主人敬献酥油茶,客人不能拒绝,至少要喝三碗,喝得越多越受欢迎。
    (7) 藏族人最忌讳别人用手抚摸佛像、经书、佛珠和护身符等圣物。
    (8) 藏族人实行男女分坐,并习惯男坐右女坐左。

难度：★★★★　　建议时间：5分钟　　字数：613

"二月二"的习俗及由来

中国民间有"二月二龙抬头"的谚语。在中国北方,二月初二又叫龙抬头日。

大约从唐朝开始,中国人就有过"二月二"的习俗。依照我国北方一些旧俗,"二月二"早晨起来,农家人会找来长竿敲击房梁,把"龙"唤醒。早餐吃年糕和猪头肉,午餐吃春饼,还要吃炒豆子。天近黄昏,家家户户都要让灶膛里的灰围绕房子撒一圈,叫围社,为的是把所有的邪祟灾祸都挡在外面,凡是有亲人远在他乡的,这个圈一定要留一个口,意为盼其早回家乡。这一天,人人都要理发,意味着"龙抬头"走好运,给小孩理发叫"剃龙头";女人不许动针线,害怕伤害"龙的眼睛";人们也不能从水井里挑水,要在头一天就将自家的水缸挑得满满的,否则就触动了"龙头"。这一天人们用许多美食来祭拜龙王,希望它能够多下及时雨。

普通人家在这一天要吃面条、春饼、爆玉米花、猪头肉等,不同地域有不同的吃食,但大都与龙有关,普遍把食品名称加上"龙"的头衔,如吃水饺叫吃"龙耳";吃春饼叫吃"龙鳞";吃面条叫吃"龙须";吃米饭叫吃"龙子";吃馄饨叫吃"龙眼"。

"二月二龙抬头"的来历与中国古代天文学家对星辰运行的认识和农业节气有关。中国古代天文学家,在天上确定二十八个星座,把它们分在东南西北四个方向,并按照它们的形象分为四种动物。其中东方被想象成一条南北伸展的巨龙,当"龙角"出现于地平线上的时候,正值春天来临,所以,古人将它的出现作为春天的标志。而此时,恰逢中国农历二月雨水节气前后,由此产生了"二月二龙抬头"的说法。

(改编自搜狐网)

小贴士

四种动物分别是龙、虎、凤、龟和蛇。东方的星星像一条龙,西方的星星像一只虎,南方的星星像一只凤凰,北方的星星像龟和蛇。

生词 New words

1.	谚语	(名)	yànyǔ	proverb
2.	敲击	(动)	qiāojī	to strike; to knock
3.	房梁	(名)	fángliáng	house beam
4.	年糕	(名)	niángāo	pastry made of the flour of glutinous rice
5.	灶膛	(名)	zàotáng	chamber of a kitchen range
6.	邪祟	(名)	xiésuì	evil spirit
7.	灾祸	(名)	zāihuò	calamity; catastrophe
8.	祭拜	(动)	jìbài	to worship
9.	龙鳞	(名)	lónglín	dragon scale
10.	龙须	(名)	lóngxū	dragon beard

11. 天文学家		tiānwénxué jiā	astronomer
12. 伸展	（动）	shēnzhǎn	to spread; to extend; to stretch
13. 地平线	（名）	dìpíngxiàn	the horizon

学一学 Grammar

1. 凡是

表示"只要是",指某个范围内的一切。

（1）凡是有正义感的人都一定会对这种暴行感到震惊。

（2）凡是飞机驾驶员均应对乘客的安全负责。

（3）凡是看过这部电影的人,都觉得女主角很漂亮。

2. 由此

表示由于如此;因而。

（1）他懂得许多野外生存技巧,由此看来,他并不是一个简单的人物。

（2）他既没打电话又没写信,这使她难以撇开由此而产生的一种隐约的担忧心情。

（3）全球在变暖,由此看来,环境的污染又进一步恶化了。

练一练 Exercises

根据课文内容,选择正确答案

Choose the correct answer according to the text

（1）下面有关"二月二"的说法,错误的是(　　)

    A. 二月初二又叫龙抬头日

    B. 大约从唐朝开始,中国人就有过"二月二"的习俗

    C. "二月二龙抬头"的来历与中国古代天文学家对星辰运行的认识和农业节气有关

    D. 早上,家家户户都要让灶膛里的灰围绕房子撒一圈,叫围社

（2）在"二月二"这一天,人们(　　)

    A. 都要理发,意味着"龙抬头"走好运

    B. 不能从水井里挑水,否则就触动了"龙头"

    C. 用许多美食来祭拜龙王,希望它能够多下及时雨

    D. 以上三个都对

（3）下面哪一个是错的?

    A. 吃水饺叫吃"龙耳"　　B. 吃春饼叫吃"龙子"

    C. 吃面条叫吃"龙须"　　D. 吃馄饨叫吃"龙眼"

（4）中国古代的天文学家,在天上确定(　　)个星座?

    A. 28　　　　B. 4　　　　C. 7　　　　D. 27

词汇盘点 Key words extended

贡献	消灭	巩固	简化	隆重
作出贡献	消灭敌人	巩固地位	简化生活	场面隆重
对……的贡献	消灭蚊子	巩固统治	简化手续	隆重的宴会
杰出贡献	消灭恐怖主义	巩固成果	简化汉字	隆重开业
贡献力量	消灭对手	巩固关系	简化流程	隆重举行

玩转周末 Fun weekend

为什么说中国人是龙的传人?

　　中国上古时期,最强大的部落首领——轩辕氏(黄帝)征服四方,轩辕氏的图腾本来是蛇,他每征服一个部落就把该部落身上的一部分加在自己的图腾上,蛇加上了鱼的鳞、鹿的角、鹰的爪、马的脸等等,最后终于演化为我们看到的龙。而轩辕氏本人对中国的地域统一、医学、上古巫学等等都有杰出的贡献,当时被征服的部落也逐渐接受他,并以他为荣,从此以后,随着时间的推移,后代们自称为"炎黄子孙(炎帝和黄帝的子孙)",同时因为部落图腾是龙,也自称为"龙的传人"。

　　"龙"在炎黄子孙的心中,一直是无处不在、无所不能的。在神州辽阔的大地上,处处都是龙的崇拜。神话中的龙千变万化,能够呼风唤雨,上天入海。古代皇帝自称"真龙天子",金碧辉煌的宫殿里描绘着龙,雕刻着龙,简直是"龙的世界"。人们生活中以龙为图案的服饰、器物、玩具随处可见,甚至谈话之间也离不开龙,如"龙凤呈祥"、"藏龙卧虎",等等。以龙为名的民俗比比皆是,如龙舟、龙灯、龙笛,等等。以龙为名的建筑不胜枚举,如龙门、龙壁、龙亭,等等。

智力缺陷

　　"医生,你能不能告诉我,"李明问,"对于一个看上去很正常的人,你是怎样判断出他有智力缺陷的呢?""再没有比这容易的了,"医生回答,"问他一个简单的问题,简单到所有人都知道答案,

Mental Deficiency

"Would you mind telling me, Doctor," LiMing asked... "how you detect a mental deficiency in somebody who appears completely normal?" "Nothing is easier," he replied. "You ask him a simple question which everyone should answer with no trouble. If he hesitates, that puts you on the track."

如果他回答得不干脆,那你就知道是怎么回事了。""那要问什么样的问题呢?""嗯,你可以这样问,'郑和环球旅行了七次,但是在其中一次的途中他去世了,是哪一次呢?'"李明想了一会儿,紧张的回答道,"你就不能问另外一个问题吗?坦率地说,我对历史了解得不是很多。"

"Well, What sort of question?" Well, you might ask him, 'Zheng He made three trips around the world and died during one of them. Which one?' LiMing thought for a moment, and then said with a nervous laugh, "You wouldn't happen to have another example would you? I must confess I don't know much about history."

(改编自爱词霸论坛网)

在哪儿见过? Where have you ever seen these pictures?

1.

文物	wénwù	cultural or historical relics
保护	bǎohù	to defend
单位	dānwèi	unit

2. 这是中国古代人结婚时所穿的衣服。现在的中国人结婚一般都穿婚纱或礼服(lǐfú, formal dress)。

3. 清明（qīngmíng, Tomb-sweeping Day）

4. 这是老北京的黄包车（huángbāochē），您来北京游胡同的时候，可以看到这种车。

什刹海	Shíchàhǎi	a very famous site of Beijing
南锣鼓巷	Nánluógǔxiàng	one of the oldest neighborhoods in Beijing
簋街美食	Guǐjiē měishí	the most popular food street in Beijing

答案 Key to the exercises

星期一

1.

2.

唐朝一共有多少年	276年
唐朝最伟大的领导者	唐太宗李世民
唐朝的首都	长安
长安的三间最高学府	尚书省礼部的"国子监",门下省的弘文馆和皇太子的崇文馆
唐朝著名的诗人	李白,杜甫

星期二

1.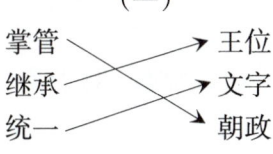

2. (1) C　　(2) B　　(3) D

星期三

1. (1) 生机勃勃 (2) 踏青　(3) 任凭　(4) 系　(5) 闪烁

2. (1) A　　(2) A　　(3) B

星期四

1. (1) 隆重　(2) 拜访　(3) 鞠躬　(4) 添　(5) 抚摸

2. (1) ×　(2) √　(3) ×　(4) √　(5) ×
   (6) √　(7) √　(8) ×

星期五

1. (1) D　　(2) D　　(3) B　　(4) A

第十周

你不知道的针与灸

难度：★★　　建议时间：2分钟　　字数：430

刮痧

刮痧，是用刮痧板蘸刮痧油反复刮动、摩擦患者某处皮肤，以治疗疾病的一种方法。因被刮过的皮肤表面常常会出现红色、紫红色或暗青色的类似"沙"样的斑点，人们将这种疗法称为"刮痧疗法"。刮痧疗法，简便易行，见效快无副作用，历史上流传甚为久远，是中国传统医学的一支奇葩。

刮痧可以扩张毛细血管，增加汗腺分泌，促进血液循环，对于高血压、中暑、肌肉酸疼等都有立竿见影的效果。

刮痧的用具十分简单、方便，只要是边缘比较圆、比较滑的东西，如梳子、茶杯盖子等，都可用来刮痧。如果长期使用或作为治疗，用正规一些的刮痧板比较好。刮痧板选用天然水牛角为材料，对人体皮肤表面无毒性刺激和化学不良反应；而且水牛角本身就是一种中药，具有活血作用。

另外，刮痧之前，为了防止划破皮肤，还要在皮肤表面涂一层润滑剂，香油、色拉油都可以用。有条件的话，最好采用专门的"刮痧活血剂"。它是一种采用天然植物油加十余种天然中药，用传统与现代高科技结合的方法提炼加工而成的刮痧油，能够清热解毒、活血化瘀、消炎止痛等。

（改编自百度知道）

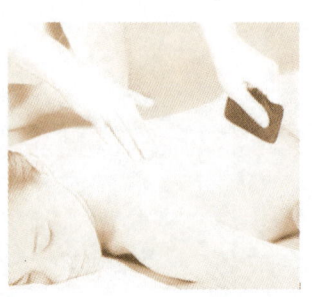

刮痧治疗的时候要注意室内保暖，出痧后30分钟以内不能洗凉水澡，出痧后最好喝一杯温开水，并且休息15到20分钟。

生词 New words

1. 刮痧		guā shā	to scrap
2. 刮痧板	（名）	guāshā bǎn	scrapping plate
3. 摩擦	（动）	mócā	to rub
4. 暗青色	（名）	ànqīngsè	dark blue
5. 沙	（名）	shā	sand
6. 斑点	（名）	bāndiǎn	spot; stain
7. 疗法	（名）	liáofǎ	therapy
8. 副作用	（名）	fùzuòyòng	side effect
9. 奇葩	（名）	qípā	exotic flower
10. 扩张	（动）	kuòzhāng	to dilate; to expand
11. 毛细血管	（名）	máoxìxuèguǎn	blood capillary
12. 汗腺	（名）	hànxiàn	sweat bland
13. 中暑		zhòng shǔ	sunstroke
14. 立竿见影		lì gān jiàn yǐng	to produce instant results
15. 水牛角	（名）	shuǐniújiǎo	buffalo horn
16. 毒性	（名）	dúxìng	toxicity
17. 色拉油	（名）	sèlāyóu	salad oil
18. 清热		qīng rè	(in Chinese traditional medicine) to relieve internal heat
19. 解毒		jiě dú	to detoxicate
20. 化瘀		huà yū	(in Chinese medicine) to dissolve accumulated stasis of blood
21. 消炎		xiāo yán	to diminish inflammation

 学一学 Grammar

立竿见影

本来的意思是在阳光下竖立竹竿,立刻就能看到影子。比喻见效非常快。

1. 大家都没想到,这场广告的效果立竿见影,原来卖不出去的产品现在已经供不应求了。
2. 这些措施一出台,就立刻收到了立竿见影的效果。
3. 中国年内加入WTO对我们公司没有直接的、立竿见影的影响;从长期来看,其影响是积极的。

练一练 Exercises

1. 在下列空格中填入合适的汉字,使得上下左右能组成词或短语

Fill in the blanks in a character, so with the Chinese characters around it can be composed of a phrase

2. 根据课文内容,选择正确答案

Choose the correct answer according to the text

(1) 关于刮痧疗法,下面说法不正确的是( )。

    A. 刮痧的时候要用刮痧板反复摩擦患者一处皮肤。

    B. 被刮过的皮肤表面常常会出现红色、紫红色或暗青色的沙点。

    C. 刮痧疗法没有副作用,但是见效慢。

    D. 刮痧疗法历史悠久,是中国传统医学的一支奇葩。

(2) 刮痧疗法的作用( )。

    A. 扩张毛细血管。

    B. 增加汗腺分泌。

    C. 促进血液循环。

    D. 以上都是。

(3) 刮痧板选用天然水牛角为材料的原因是( )。

    A. 天然水牛角对人体皮肤表面无毒性刺激和化学不良反应;而且水牛角本身就是一种中药,具有活血作用。

    B. 制作起来比较简单方便。

    C. 携带比较简单方便。

    D. 比较正规。

(4) 关于刮痧活血剂,下面说法不正确的是( )。

    A. 能防止刮痧的时候划破皮肤。

    B. 它里面含有天然植物油和十多种天然中药。

    C. 它是用传统方法提炼加工而成的。

    D. 能够清热解毒、活血化瘀、消炎止痛等。

难度:★★　建议时间:3分钟　字数:489

你不知道的针与灸

　　针灸是中国传统医学的重要组成部分,是一种中国特有的治疗疾病的手段。针灸疗法的特点是治病不靠吃药,只是在病人身体的一定部位用针刺入,刺激神经并引起局部反应,或用火的温热刺激烧灼局部,以达到治病的目的。前一种称作针法,后一种称作灸法,统称针灸疗法。

　　一般来说,针灸刺入人体后会产生酸、麻、胀、重的感觉,这些都是针刺得气的反应,是好的表现,是检验本次针刺是否"合格"的一个指标。如果针入人体后没有任何感觉,那说明这次针刺是"不太合格"的,这个医生的针刺手法是值得怀疑的。

　　一个手法好的医生,他的针刺入病人体内后,会使病人的局部产生或酸、或麻、或胀、或重的感觉。这种感觉不存在于病人表皮,而来源于针尖所到的部位。一个手法好的针灸医生,会使针尖所到之处的一大片区域产生这种感觉。这种感觉是非常舒服的,是一种挑动沉疴的感觉,是一种按摩劳损的肩背的感觉。

　　一个手法差的医生,带给病人的是进针时、行针时的疼痛。这种疼痛的部位是在皮肤的表层,是一种牵拉皮肤的刺痛,跟前面所说的舒服的"疼"发生的部位不一样。如果你在做针灸时,能做到全身心的放松,并且找一个好的针灸医生来扎针,那么你基本上不会被疼痛困扰。

(改编自百度百科)

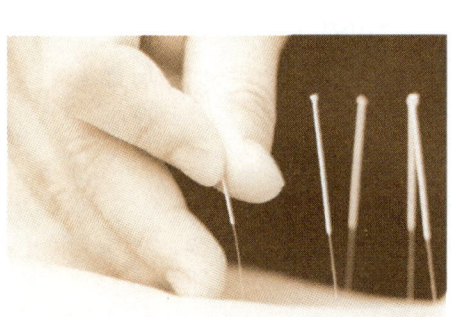

针灸可以用于内、外、妇、儿、五官等科多种疾病的治疗和预防,治疗疾病的效果比较迅速和显著,医疗费用经济,没有或极少有副作用,基本安全可靠。

生词 New words

1. 针灸	（名）	zhēnjiǔ	acupuncture
2. 刺	（动）	cì	to stab; to prick
3. 刺激	（动）	cìliàn	to thorn through
4. 刺激	（动）	cìjī	to stimulate
5. 烧灼	（动）	shāozhuó	to burn
6. 麻	（形）	má	numb
7. 胀	（动）	zhàng	swell, be bloated
8. 沉疴	（名）	chénkē	a chronic disease
9. 按摩	（动）	ànmó	to massage
10. 劳损	（动）	láosǔn	to strain

学一学 Grammar

一般来说/一般说来

常用搭配,表示在大多数情况下。

1. 一般来说,病人吃这种药都没有什么不良反应。
2. 一般来说,孩子在入学以前主要受家庭因素的影响,入学以后则主要受学校教育的影响。
3. 农村青年结婚,一般来说,男方要送给女方一些黄金饰品,这已经是一个传统了。

练一练 Exercises

1. 连线,组成短语
   Match and form a phrase

   （一）

   组成　　疾病
   治疗　　部分
   针灸　　疗法

   （二）

   引起　　怀疑
   值得　　肩背
   按摩　　反应

2. 根据课文内容,判断正误(正确的画√,错误的画×)
   Decide whether the following statements are true(√) or false(×) according to the text

   (1) 针法是在病人身体的一定部位用针刺入,刺激神经并引起全身反应来达到治病的目的。
   (2) 灸法是用火的温热刺激烧灼病人身体的局部,以达到治病的目的。
   (3) 一般来说,针灸刺入人体后产生酸、麻、胀、重的感觉,说明这次针刺合格。

（4）要是病人产生疼痛的部位在针尖所到的部位而不是在皮肤的表层,说明这个医生的针刺手法是值得怀疑的。

（5）针刺的时候,你最好做到全身心的放松。

 难度:★★★　建议时间:3.5分钟　字数:515

药食同源

在原始社会,食物和药物是分不开的。人们在寻找食物的过程中发现了各种食物和药物的功效,认识到许多食物可以药用,许多药物也可以食用,它们之间没有绝对的分界线。

中医治病最主要的手段是中药和针灸。中药多属天然药物,包括植物、动物和矿物质,而可供人类饮食的食物,同样来源于自然界的动物、植物及矿物质。有些东西,只能用来治病,就称为药物,有些东西只能作饮食之用,就称为饮食物。但其中的大部分东西,既能治病,也能食用,叫做药食两用,比如橘子、山楂、乌梅、核桃、蜂蜜等等,它们既属于中药,有良好的治病疗效,又是大家经常吃的富有营养的可口食品。

中药的治疗药效强,也就是人们常说的"药劲儿大"。用药正确时,效果突出,而用药不当时,容易出现较明显的副作用;而食物的治疗效果不及中药那样突出和迅速,配食不当,也不至于立刻产生不良的结果。但不可忽视的是,药物虽然作用强,但一般不会经常吃,食物虽然作用弱,但天天都离不了。我们的日常饮食,除了能供应身体必需的营养物质以外,也会因为食物的性能或多或少地对身体产生有利或不利的影响,日积月累这种影响就会变得非常明显。从这个意义上来说,它们并不亚于中药的作用。因此正确合理地调配饮食,坚持下去,会达到药物所不及的效果。

（改编自齐鲁网）

小贴士

俗话说:"吃药不忌口,坏了大夫手。"忌口就是服用中药时的饮食禁忌。比如,服用清内热的中药时,不宜吃葱、蒜、羊肉、狗肉等热性的食物。另外,由于疾病的关系，在服药期间，生冷、油腻、腥臭等不容易消化或者有特殊刺激性的食物，都应该忌口。

生词 New words

1.	分界线	（名）	fēnjièxiàn	boundary
2.	矿物质	（名）	kuàngwùzhì	mineral
3.	山楂	（名）	shānzhā	hawthorn
4.	乌梅	（名）	wūméi	dark plum
5.	核桃	（名）	hétao	walnut
6.	可口	（形）	kěkǒu	tasty
7.	药劲儿	（名）	yàojìnr	efficacy of medicine
8.	不当	（形）	búdàng	unsuitable; inappropriate
9.	不及	（动）	bùjí	to be inferior to
10.	忽视	（动）	hūshì	to ignore
11.	性能	（名）	xìngnéng	function
12.	或多或少		huò duō huò shǎo	referring to an unknown quantity or amount
13.	日积月累		rì jī yuè lěi	to accumulate over a long period
14.	不亚于	（动）	búyàyú	to be not worse than

学一学 Grammar

1. 或多或少

指不确定的数量或程度。

(1) 虽然他不是故意的，但是这件事或多或少都有他的责任。

(2) 只要付出了，或多或少总会有收获。

(3) 很多同学因为忙别的事情而把专业课的学习耽误了，最后都或多或少有些后悔。

2. 日积月累

指长时间地一点一点地积累。

(1) 每天学一点儿，日积月累也能学不少。

(2) 对于大多数人来说，多余的脂肪是在日积月累中形成的。

(3) 这种东西如果长期食用，日积月累将严重损害人的健康。

1. 选词填空

   Choose the correct words

   可口　　不当　　不及　　忽视　　性能

   (1) 老王说起话来经常犯用词_____的错误。
   (2) 这台电脑_____那台好。
   (3) 这辆车的减速器_____很差,可以换一个了。
   (4) 这家餐厅不仅饭菜_____,而且服务也很周到。
   (5) 事业固然重要,但是家庭也不可_____。

2. 根据课文内容,判断正误(正确的画√,错误的画×)

   Decide whether the following statements are true(√) or false(×) according to the text

   (1) 在原始社会,人们发现食物和药物之间没有绝对的分界线。
   (2) 中药和针灸是中医治病最重要的手段。
   (3) 山楂和乌梅只能治病,不能食用。
   (4) 食物的治疗效果和中药一样突出和迅速,配食不当,就会立刻产生不良的结果。
   (5) 食物的性能或多或少地会对身体产生影响,时间长了这种影响就会变得非常明显。

 难度:★★★★　　建议时间:4分钟　　字数:560

李时珍

李时珍是中国明朝著名的医学家、药物学家,他出生于一个医学世家,他的祖父和父亲都是热心替人治病的医生。他从小就喜欢医学,把一生的主要时间和精力都献给了中医药学事业。

李时珍22岁开始给人看病,一边行医,一边研究药物。他发现旧的药物书有不少缺点:许多有用的药物没有记载;有些药物只记了个名称,没有说明形状和生长情况;还有一些药物记错了药性和药效。病人吃错了药会很危险,于是他决心重新编写一部完善的药物书。

公元1552年,在经过长时间的准备之后,李时珍开始编写《本草纲目》。为了写这部药物书,他不但在治病的时候注意积累经验,还亲自到各地去采药。他不怕山高路远,不怕严寒酷暑,走遍了出产药材的名山。他有时好几天不下山,饿了吃些干粮,天黑了就在山上过夜。他走了上万里路,倾听了千万人的意见。李时珍每到一地,都虚心地向当地人请教,农民、渔夫、猎人都是他的老师。当地人也热情地帮助他了解各种各样的药物。比如芸薹,是治病常用的药,但芸薹究竟长什么样儿?《神农本草经》没说明白。李时珍请教了一位种菜的老人,并在这位老人的指点下观察了实物。这时李时珍才知道芸苔实际上就是油菜。这种植物,第一年种植,第二年开花,种子可以榨油。于是,《本草纲目》清楚地解释了这种药物。经过长期的实地调查,李时珍弄清了很多药物疑难问题,于1578年完成了《本草纲目》的编写工作。

(改编自岐黄中医网)

《神农本草经》是中国现在保存的最早的药物学专著,是对中国中草药的第一次系统的总结,在很长一段时间内,它是医生和药师学习中药学的课本。

生词 New words

1. 药物学	(名)	yàowùxué	materia medica; pharmacognosy
2. 世家	(名)	shìjiā	an old and well-known family; an aristocratic family
3. 行医	(动)	xíngyī	to practice medicine (usually on one's own)
4. 形状	(名)	xíngzhuàng	shape
5. 药性	(名)	yàoxìng	medicinal properties
6. 决心	(动)	juéxīn	to make up one's mind
7. 编写	(动)	biānxiě	to compile
8. 酷暑	(名)	kùshǔ	the intense heat of summer; high summer
9. 药材	(名)	yàocái	medicinal materials; crude drugs
10. 干粮	(名)	gānliang	solid food (prepared for a journey); field rations

11. 渔夫	（名）	yúfū	fisherman
12. 猎人	（名）	lièrén	hunter
13. 芸薹	（名）	yúntái	brassica
14. 指点	（动）	zhǐdiǎn	to give directions; to show how to do something
15. 油菜	（名）	yóucài	rape
16. 榨油		zhà yóu	to extract oil

专有名词 Proper names

| 1. 本草纲目 | Běncǎo gāngmù | Compendium of Materia Medica by Li Shizhen, a complete and huge medical work from the ancient times of China |
| 2. 神农本草经 | Shénnóng běncǎojīng | Shennong's Classic of Materia Medica |

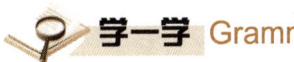 Grammar

究竟

用在疑问句当中,表示进一步追问。

1. 这种汽车究竟省油不省油？
2. 你也不去,他也不去,那明天的会究竟谁去参加？
3. 小王究竟要做什么,目前大家还看不出来。

 Exercises

1. 在下列空格中填入合适的汉字,使得上下左右能组成词或短语

   Fill in the blanks with a suitable character to form a word or phrase around

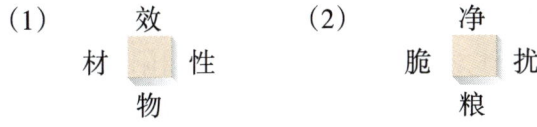

2. 根据课文内容，完成表格

Complete the form according to the text

旧的药物书的缺点	
李时珍编写新的药物书的原因	
李时珍编写的药物书的名字	
油菜的特点	

难度：★★★★　　建议时间：4分钟　　字数：571

中医养生

　　中医养生就是指通过各种方法保养生命、增强体质、预防疾病，从而达到延年益寿的活动。中医养生有食养、药养、针灸、按摩、气功等丰富多样的养生技术。中国传统养生强调人与自然的关系，认为人应该顺应自然、四季的气候变化，主动调整自我，保持与自然界的平衡。

　　中医认为，天地是个大宇宙，人的身体是个小宇宙，天人相通，人无时无刻不受天地的影响，就像鱼在水中，水就是鱼的全部，水的变化，一定会影响到鱼。同样，天地的所有变化都会影响到人。所以中医养生强调天人一体，养生的方法要随着四季气候的变化而做适当的调整。

　　阴阳平衡的人就是最健康的人，养生的目标就是求得身心阴阳的平衡。阴就是构成身体的物质基础。阳就是能量。阴阳是相对的，凡是向上的、往外的、活动的、发热的都属于阳；凡是向下的、往里的、发冷的都属于阴。身体之所以会生病是因为阴阳失去平衡，造成阳过盛或阴过盛、阴虚或阳虚。只要设法使太过的一方减少，太少的一方增加，使阴阳再次恢复原来的平衡，疾病自然就会消失。所以中医养生也强调阴阳平衡，健康一生。

　　中医养生注重身心两方面，不但注意有形身体的锻炼保养，更注意心灵的调养，身体会影响心理，心理也会影响身体，两者缺一不可。

　　健康、平衡的饮食也是养生的必备因素。数千年以来，健康的

食物、平衡饮食一直被认定是达到长寿的关键因素,不合理的饮食习惯则被认为是使健康出现问题的根源。

(改编自中国互动出版网)

小贴士

气功是一种以调心、调息、调身为手段,防病治病、健身延年的身心锻炼方法。调心是调控心理活动,调息是调控呼吸运动,调身是调控身体的姿势和动作。

生词 New words

1.	延年益寿		yán nián yì shòu	prolong life; promise longevity
2.	气功	(名)	qìgōng	a system of deep breathing exercises
3.	顺应	(动)	shùnyìng	to comply with; to conform to
4.	宇宙	(名)	yǔzhòu	universe
5.	相通	(动)	xiāngtōng	to communicate with each other; to be interlinked
6.	阴	(名)	yīn	(in Chinese thought) the feminine or negative principle in nature
7.	阳	(名)	yáng	(in Chinese thought) the masculine or positive principle in nature
8.	相对	(形)	xiāngduì	relative
9.	盛	(形)	shèng	vigorous; energetic
10.	虚	(形)	xū	weak; in poor health
11.	调养	(动)	tiáoyǎng	to build up one's health by rest and by taking nourishing food
12.	缺一不可		quē yī bù kě	all component parts of a whole or all participants of an event are very important and an indispensable part
13.	必备	(动)	bìbèi	to must have
14.	认定	(动)	rèndìng	to firmly believe; to maintain

学一学 Grammar

……随着……而……

常用搭配。"随着"表示动作、行为或事件的发生所依赖的条件;"而"表示动作、行为或事件发生的结果。

1. 她的心情随着天气的变化而变化。
2. 产品的成本随着生产效率的提高而下降。
3. 文化消费的要求随着物质生活水平的提高而提高。

练一练 Exercises

1. 在下列空格中填入合适的汉字,使得上下左右能组成词或短语

Fill in the blanks with a suitable character to form a word or phrase around

(1)
	拖		利
	年		
			命

(2)
	万		宁
			不
	少		

2. 根据课文内容,选择正确答案

Choose the correct answer according to the text

(1) 中医养生的最终目的是( )。
　　A. 增强体质　　B. 预防疾病　　C. 延年益寿　　D. 平衡阴阳

(2) 下面不属于中医养生技术的是( )。
　　A. 食养　　B. 针灸　　C. 按摩　　D. 跳舞

(3) 中医认为( )的人最健康。
　　A. 阴阳平衡　　B. 身心健康　　C. 饮食平衡　　D. 经常锻炼

(4) 关于中医养生,下面说法不正确的是( )。
　　A. 中医养生强调天人合一,所以随着四季气候的变化,养生的方法要做适当的调整。
　　B. 中医养生也强调阴阳平衡,健康一生。
　　C. 中医养生注重身心两方面的健康。
　　D. 饮食是否健康、平衡对中医养生来说并不太重要。

 词汇盘点 Key words extended

疗法	刺激	不当	决心	必备
物理疗法	刺激皮肤	处理不当	下决心	必备药品
化学疗法	刺激肠胃	用词不当	下定决心	必备工具
睡眠疗法	刺激消费	使用不当	表决心	必备用品
心理疗法	减轻刺激	运动不当	决心很大	必备条件
体育疗法	强烈的刺激	不当之处	决心努力工作	居家必备

 Fun weekend

猜一猜 Guess

什么人生病从来不看医生？

多吃水果

医生对病人说："从今以后，你要多吃水果，尤其是果皮，因为果皮里含有各种丰富的维他命。"

病人说："可是医生，我咬不动！"

医生："噢，你最爱吃什么水果？"

病人苦着脸说："榴莲。"

（改编自 http://www.jokeji.cn/jokehtml/yl/20110824021204.htm）

Eat More Fruits

The doctor said to he patient: "From now on, you should eat more fruits, especially the peel, because the peel contains a rich variety of vitamins."

The patient said: "But doctor, I cannot bite it !"

Doctor: "Oh, What is your favorite fruit?"

Patients said with a suffering gravely look: "Durian".

在哪儿见过? Where have you ever seen these pictures?

1. 在中国,说起中药,很多人不约而同地就会想到这三个字。同仁堂是中国中药行业著名的老字号。

2. 这是北京中医药大学中医药博物馆,它建于1990年,分为中药标本和中国医学史两部分。

3. 社区卫生服务的对象是这个社区中的全体居民,妇女、儿童、老人、慢性病人、残疾人是社区卫生服务的重点。居民可以在社区便捷地享受到公共卫生和基本医疗服务。

北京市社区卫生服务　　Běijīng shèqū wèishēng fúwù
　　　　　　　　　　　　Beijing community health service

4. 这是一个养生会馆的招牌。

养生　　yǎngshēng　　to keep in good health
会馆　　huìguǎn　　　assembly hall

答案 Key to the exercises

星期一

1.
发热清楚 / 见解毒性

（组成：发、热、清、楚）
（组成：见、解、毒、性）

2. (1) C　　(2) D　　(3) A　　(4) C

星期二

1.
（一）
组成——疗法
治疗——疾病
针灸——部分（交叉连线：组成—部分，治疗—疾病，针灸—疗法）

（二）
引起——反应
值得——怀疑
按摩——肩背

2. (1) ×　　(2) √　　(3) √　　(4) ×　　(5) √

星期三

1. (1) 不当　　(2) 不及　　(3) 性能　　(4) 可口　　(5) 忽视

2. (1) √　　(2) √　　(3) ×　　(4) ×　　(5) √

星期四

1. (1) 药　　(2) 干

2.

旧的药物书的缺点	许多有用的药物没有记载；有些药物只记了个名称，没有说明形状和生长情况；还有一些药物记错了药性和药效。
李时珍编写新的药物书的原因	旧的药物书有不少缺点，病人吃错了药会很危险，于是他决心重新编写一部完善的药物书。
李时珍编写的药物书的名字	《本草纲目》
油菜的特点	第一年种植、第二年开花，种子可以榨油。

星期五

1.

	拖	利	
延	年	益	寿
	轻/龄/级/代		命

	万	宁	
	缺	不	可
	一	错	
	少	同/久	

2. (1) C　　(2) D　　(3) A　　(4) D

玩转周末

　　盲人

第十一周
胡锦涛参观美国中西部中国企业展

难度：★★★　　建议时间：2.5分钟　　字数：508

我国铁路日均运送旅客能力达到620万人

春运以来，受降雪等极端天气影响，南方迎来新一轮雨雪冰冻天气的严峻考验，各地政府和交通、民航、铁路部门采取多种措施积极应对，全力疏导客流，保障广大乘客"走得了、走得好"。严寒的气流丝毫没有挡住旅客出行的脚步。

随着19日零时31分首趟实名制旅客乘坐的列车K9286次驶离广州站，广铁2011年春运正式开启。记者在广州火车站看到，由于组织有序且同时开放了几十个检票口，实名制检票并未导致旅客排长队等候。据广铁集团介绍，仅19日一天，广铁预计旅客发送量将突破70万人次，同比上涨25%。

天津2012年首次推出的超市售票方式，使购票难得到一定程度的缓解。据天津站超市售票代售管理部部长王远介绍，目前，98家超市网点的日售票数已超过6000张，约占车站售票总数的10%。

2012年春运，全国铁路日均开行旅客列车2265对，同比增加293对；日均运送旅客能力达到620万人，同比增加69万人，增长13%，能力增长幅度为历年最大。在这些增加的运输能力中，不仅仅是高铁，普通列车也在春运中大量增开，旅客可以按照各自需求，选择乘坐高速动车组或是"绿皮车"。

铁路部门除了安排好在铁路局管区内运行的客车之外，在城市密集、人口数量大、学生流、务工流、探亲流集中的重点地区大量增加跨铁路局运行的直通长途客车数量。

（改编自新华网）

小贴士

左图是一张实名制的火车票。为了解决售票难、买票难的问题,中国的部分火车站开始了实名制,乘客在购买火车票和乘坐火车时,需要登记、核查个人的真实姓名和身份。

生词 New words

1. 极端	(副)	jíduān		extremely
2. 考验	(动)	kǎoyàn		to test
3. 应对	(动)	yìngduì		to respond
4. 疏导	(动)	shūdǎo		to dredge; to channelize
5. 突破	(动)	tūpò		to surpass
6. 同比	(动)	tóngbǐ		to compare with the same period of the previous year
7. 高铁	(名)	gāotiě		high speed railway
8. 务工	(动)	wùgōng		to work or do business

学一学 Grammar

1. 受……影响

常用搭配,"受"后引出受到影响的原因。

(1) 1998年上半年,受亚洲金融危机和严重洪涝灾害等因素的影响,我国经济增长速度缓慢回落。

(2) 受国家宏观调控政策的影响,最近北京的房价有所下降。

(3) 受高房价的影响,很多大学生开始去二三线城市找工作。

2. 据……介绍

常用搭配,"据"后引出"介绍"的发出者。

(1) 据这位负责人介绍,目前公司的经营状况不是很好。

(2) 据民政部门介绍,十一当天领证的新人达到一万对。

(3) 据新闻发言人介绍,中美领导人会见时讨论了政治、经济和安全等问题。

练一练 Exercises

1. 仿照例子,做词语接龙游戏

According to the examples, play word by word games

例如:邀请——请假——假期——期末——末尾

(1) 疏导
(2) 突破

2. 选词填空

Choose the correct words

(1) 受干旱等(非常 极端)天气影响,农作物受到了很大损失。
(2) 广铁预计旅客发送量将(打破 突破)100万人次。
(3) 铁路部门采取多种措施积极(应付 应对)客流高峰。
(4) 超市售票方式,使购票难得到一定程度的(缓解 解决)。

难度:★★★　　建议时间:3分钟　　字数:482

达喀尔拉力赛

　　阿根廷当地时间1月15日,第33届达喀尔拉力赛结束第13赛段争夺后圆满<u>落幕</u>。中国队共有6人完成比赛,完全有机会突破自己最好成绩的王勇功亏一篑,最终获得了第22名的成绩,"黑马"周远则突发<u>变速箱</u>问题差点被"劝退",最终拿到总成绩第31位。阿根廷媒体都遗憾地表示:"南美大陆都为这两个中国车手遗憾!"

　　汽车组西班牙名将塞恩斯虽然卫冕失利,但他昨天以1小时16分08秒的成绩冲过终点赢得了个人第24个达喀尔赛的赛段冠军,从而超越彼得汉塞尔创造了一段全新的历史。本赛段以第二名完赛的卡塔尔名将阿提亚则以45小时16分16秒的成绩夺得了年度总冠军,他也成为继增冈浩后又一位在达喀尔拉力赛汽车组比赛中称雄的亚洲车手。夺冠后,身为卡塔尔王子的阿提亚说:"这是我职业生涯中最重要的一刻。我想现在人们终于知道卡塔尔在哪里了。"

　　摩托车组,总成绩榜上依然是KTM车队的天下,前7名车手中有6人来自该车队。本赛段稳扎稳打的西班牙名将科马最终力压卫冕冠军德普雷夺得了年度冠军。

卡车组,卡玛兹车队的俄罗斯名将查金成功卫冕,并就此达成了个人达喀尔赛7冠的目标,他的冠军数已经超过了名将洛佩莱斯成为达喀尔卡车组一个新的传奇。

（改编自大众网）

达喀尔拉力赛（Ddákā'ěr lālìsài the Dakar Rally）,被称为勇敢者的游戏、世界上最艰苦的拉力赛。作为最严酷和最富有冒险精神的赛车运动,受到全球五亿人以上的热切关注。

生词 New words

1. 落幕		luò mù	to drop the curtain
2. 黑马	（名）	hēimǎ	(racehorses or persons with unexpected capabilities) a dark horse
3. 变速箱	（名）	biànsùxiāng	gearbox
4. 稳扎稳打		wěn zhā wěn dǎ	to proceed steadily and step by step
5. 传奇	（名）	chuánqí	legend

专有名词 proper names

1. 阿根廷	Āgēntíng	Republic of Argentina
2. 卡塔尔	Kǎtǎ'ěr	Qatar

学一学 Grammar

1. 功亏一篑

比喻一件大事只差最后一点人力物力而不能成功,表示惋惜。

（1）她的演讲在各方面都很好,却因表达技巧差而功亏一篑。

（2）由于在场地和拉力两个赛场上他都功亏一篑,因此没能夺得年度总冠军。

（3）产品质量对于企业的重要性,不言而喻,不注重产品质量,最终会寸步难行,功亏一篑。

2. 继……后

在某个行动之后。多用于表示时间。

(1) 张怡宁是继邓亚萍后,中国女子乒乓球队的又一个奇迹。

(2) 他是继斯密斯后,第二个在北京语言大学留学生演讲比赛中获得冠军的美国人。

(3) 购房新政是继买车限购令后,北京出台的最严厉的控制北京人口的措施。

 **练一练 Exercises**

根据课文内容,判断正误(正确的画√,错误的画×)

Decide whether the following statements are true(√) or false(×) according to the text

(1) 第13届达喀尔拉力赛结束第33赛段争夺后圆满落幕。
(2) 中国队的王勇突发变速箱问题差点被"劝退"。
(3) 中国队的周远最终获得了第22名的成绩。
(4) 汽车组西班牙名将塞恩斯卫冕成功,超越彼得汉塞尔创造了一段全新的历史。
(5) 增冈浩是第一位在达喀尔拉力赛汽车组比赛中称雄的亚洲车手。
(6) 阿提亚是卡塔尔的王子。
(7) 摩托车组德普雷夺得了年度冠军。
(8) 卡车组,查金成功卫冕,并就此达成了个人达喀尔赛7冠的目标。

难度:★★★　　建议时间:4.5分钟　　字数:613

中央电视台春节联欢晚会

中国中央电视台春节联欢晚会,通常简称为央视春晚,或直接称为"春晚",是中国中央电视台在每年农历除夕晚上为庆祝农历新年举办的综合性文艺晚会。春节联欢晚会在演出规模、演员阵容、播出时长和海内外观众收视率上,一共创下中国世界纪录协会世界综艺晚会三项世界之最,入选中国世界纪录协会世界收视率最高的综艺晚会、世界上播出时间最长的综艺晚会、世界上演员最多的综艺晚会。2012年4月,中国春节联欢晚会获得了吉尼斯世界纪录证书。

每年除夕之夜,中央电视台英语、西班牙语、法语、阿拉伯语、俄语、高清频道晚20:00准时进行现场并机直播,中国网络电视台也将在网络直播。全国数亿热心观众都会守在电视机前,迎接新的一年的到来。

　　1983年，首届现场直播形式的春节联欢晚会在央视正式播出。从此每年农历除夕北京时间晚8时，春节联欢晚会都会在中国中央电视台播出，节目时间持续4小时10分至4小时40分左右，直到凌晨，节目最后以《难忘今宵》合唱结束。首届春节联欢晚会就开创了很多先例，比如设立节目主持人、实况直播、开设热线电话等，这些创新先例成为日后春晚一直沿用的规矩。

　　发展到今天，"春晚"已经成为了一种民俗。每年除夕，全世界的华人都以不同形式在不同程度上关注中央电视台春晚。除夕，国内公众大多数家庭在家收视春晚。春节期间，海外华人春节集会，播放中央电视台"春晚"或者它的录像，往往成为了一个必然节目。中央电视台"春晚"的一些语言性节目的话，往往成为新的一年的流行词，发生文化引导。

（改编自百度网）

小贴士

中国中央电视台（China Central Television，简称CCTV），简称央视，是中华人民共和国国家电视台。1958年5月1日试播，9月2日正式播出。初名北京电视台，1978年5月1日更名为中央电视台。

生词 New words

1. 阵容	（名）	zhènróng	lineup; squad
2. 收视率	（名）	shōushìlǜ	audience rating
3. 现场	（名）	xiànchǎng	scene
4. 并机	（动）	bìngjī	parallel operation
5. 开创	（动）	kāichuàng	to start; initiate; found
6. 先例	（名）	xiānlì	precedent
7. 实况	（形）	shíkuàng	live
8. 沿用	（动）	yányòng	adopt (old rules and regulations)
9. 规矩	（名）	guīju	rule; established practice
10. 民俗	（名）	mínsú	folk custom

学一学 Grammar

1. 从此……都

固定搭配,表示从这个时间开始。

(1) 从此,不论奥运会在什么地方举办,都要举行点燃、传递奥运火炬至主会场这一简单而庄严的仪式。

(2) 李明和王刚之间从此竟有了一层隔膜,彼此都不再提到这件事。

(3) 他的脑袋撞到了一块大石头,结果眼睛失明,从此什么都看不到了。

2. 开创了……先例

固定搭配,表示之前没有,创建了一个新的开始。

(1) 这个大学开创了给妇女授予学位的先例。

(2) 新加坡一直致力于推动本国网络游戏业的发展,此次开创了因参加国际文化赛事而缓服兵役的先例。

(3) 该委员会制定了直接干预供求的原则,开创了国家保障农民的经济稳定的先例。

练一练 Exercises

1. 选词填空

Choose the correct words

开创　　沿用　　现场　　阵容　　实况

(1) 他对比赛作的＿＿＿＿报导十分生动,即使从收音机收听也很有趣。

(2) 这出戏的演员＿＿＿＿非常强。

(3) 我们＿＿＿＿以字母A表示溶剂的惯例。

(4) 他会采取果断行动,从而＿＿＿＿他自己的事业。

(5) 我们观看了一场电视＿＿＿＿直播的表演。

2. 根据课文内容,选择正确答案

Choose the correct answer according to the text

(1) 这篇文章的内容是关于什么的?
　　A. 中国中央电视　　　　B. 春节联欢晚会
　　C. 农历除夕　　　　　　D. 民俗

(2) 下面有关春晚的说法,哪一个是错的?
　　A. 春晚一共创下中国世界纪录协会世界综艺晚会4项世界之最
　　B. 春晚的一些语言性节目的话,往往成为新的一年的流行词
　　C. 首届现场直播形式的春节联欢晚会是在1983年
　　D. 每年农历除夕北京时间晚8时,春节联欢晚会都会在中国中央电视台播出

难度：★★　　建议时间：3分钟　　字数：492

达沃斯年会闭幕

世界经济论坛第41届年会30日在瑞士达沃斯落下帷幕。与会的二千五百多名各国政要、企业界巨头、经济学家在五天的会期里对新形势下的世界经济形势进行了广泛的讨论，各方对当前世界经济形势的特点、走向以及未来风险等形成了广泛的共识。

本次达沃斯年会是在世界经济经受严重金融经济危机冲击，经济格局发生根本性变化的背景下召开的。在历经几年的低迷、调整、刺激后，世界经济走出低谷，走向复苏。这也反映到本次达沃斯年会中。与前三年相比，今年会议一直洋溢着乐观的情绪。对经济冷暖最为敏感的大企业首先感受到了经济的暖流。会前，国际知名会计师事务所普华永道公布的一份调查报告显示，全球商界领袖们对于经济前景的信心已经恢复到接近金融和经济危机前的水平。

与会专家们认为，今年全球经济仍将保持复苏势头，但也面临诸多不确定因素。比如，欧元区主权债务危机仍有可能蔓延、美国失业率高而且财政状况堪忧和全球经济失衡重新抬头将是主要威胁。以中国为代表的新兴经济体的通货膨胀压力和资产泡沫风险也被认为可能为世界经济复苏带来冲击，如果处理不当，可能造成严重的社会问题。此外，一些全球性的挑战，如大宗商品价格上升给粮食安全、能源安全造成的挑战。

（改编自凤凰网）

作为全球经济界最高级别的民间盛会，达沃斯世界经济论坛年会（Dáwòsī shìjiè jīngjì lùntán niánhuì, Annual World Economic Forum meeting in DAVOS）被誉为是全球经济的"风向标"（fēngxiàngbiāo, wind vane）。

生词 New words

1. 共识	（名）	gòngshí	common consensus
2. 冲击	（动）	chōngjī	shock
3. 格局	（名）	géjú	pattern
4. 低谷	（名）	dīgǔ	at a low ebb
5. 洋溢	（动）	yángyì	to brim with; to be permeated with
6. 事务所	（名）	shìwùsuǒ	firm
7. 主权	（名）	zhǔquán	sovereignty
8. 蔓延	（动）	mànyán	(of diseases, fire, etc.) to spread; to extend
9. 通货膨胀		tōng huò péngzhàng	[Economics] inflation
10. 泡沫	（名）	pàomò	foam
11. 大宗	（形）	dàzōng	a large amount of; by the gross

专有名词 Proper names

普华永道	Pǔhuáyǒngdào	Price Water House Coopers

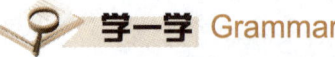
学一学 Grammar

1. 对/就……形成/达成了……的共识

常用搭配，正式用语，意思是关于某一个问题形成了共同的想法和意见。

（1）双方领导人就政治、经济、文化领域的合作达成了广泛的共识。

（2）欧盟和美国对克隆动物食品是否安全的问题已经达成了共识。

（3）法学界就法律规则的优化问题已经形成了基本的共识。

2. 在……的背景下

常用搭配，表示在对人、事起作用的历史情况或现实环境下。

（1）在经济全球化不断发展的背景下，贸易自由化问题日益受到人们的关注。

（2）今年的人民代表大会是在国内通货膨胀非常严重的背景下召开的。

（3）在经济高速发展、重大科技成果不断涌现的背景下，我国公民的科学素养亟待提高。

练一练 Exercises

1. 根据课文内容,选择正确答案
   Choose the correct answer according to the text

   (1) 这篇文章的内容是关于什么的?
   A. 经济危机　　　　　B. 世界经济形势的会议
   C. 通货膨胀　　　　　D. 资产泡沫

   (2) 下面哪一个是错的?
   A. 全球商界领袖们对于经济前景的信心已经恢复到接近金融和经济危机前的水平。
   B. 参加会议的人对世界经济保持乐观的态度。
   C. 以中国为代表的新兴经济体的通货膨胀压力被认为可能为世界经济复苏带来冲击。
   D. 世界经济仍处于经济危机中。

2. 选词填空
   Choose the correct words

   洋溢　　冲击　　蔓延　　低谷　　通货膨胀

   (1) 这次失败是她事业上的_____。
   (2) 人们心中的恐惧像瘟疫一样_____开来。
   (3) 他们把_____大幅度增长归咎于石油价格的上涨。
   (4) 他一想起女朋友,脸上就_____着幸福的表情。
   (5) 去海外旅行时,许多人会感觉到不同文化的_____。

难度:★★★★　建议时间:3.5分钟　字数:532

胡锦涛参观美国中西部中国企业展

人民网芝加哥1月21日电　正在美国进行国事访问的中国国家主席胡锦涛当地时间21日上午在芝加哥参观美国中西部中国企业展,勉励在美中资企业继续发展壮大,为促进两国经贸合作、增进两国人民友谊发挥更大作用。

11时30分许,胡锦涛在芝加哥市长戴利陪同下,乘车来到位于芝加哥附近伍德里奇市的展厅,受到美国中国总商会会长等的热情迎接。

展厅入口悬挂着"热烈欢迎胡锦涛主席"横幅,展厅中央集中陈列着美国中西部中资企业和当地企业的产品实物,四周是展台。

在企业展台前,胡锦涛说,在美中国企业的成功是中美互利合作的一个缩影。这些企业为美国经济发展注入了活力,给当地创造了就业机会。随着中美经贸关系深入发展,会有更多中国企业来美国投资兴业。

胡锦涛说,中国政府将一如既往支持中国企业来美投资兴业,同时希望美方为来美投资的中国企业提供公平竞争的环境。

戴利在致辞中说,许多中国企业选择芝加哥作为投资目的地。芝加哥愿成为中美贸易和相互投资的门户,尽力为中国企业创造良好投资环境。

参观结束后,胡锦涛圆满结束对美国的国事访问,乘专机离开芝加哥回国。离开美国前,胡锦涛向奥巴马总统发去感谢电,表示相信在双方共同努力下,中美关系一定能够深入发展,更好造福两国人民,为促进亚太地区乃至世界和平、稳定、繁荣作出更大贡献。

(改编自人民网)

左图是人民网的一个页面,它是世界十大报纸之一《人民日报》建设的以新闻为主的大型网上信息发布平台,也是互联网上最大的中文和多语种新闻网站之一。

生词 New words

1. 勉励	(动)	miǎnlì	to encourage
2. 陈列	(动)	chénliè	to put on display
3. 缩影	(名)	suōyǐng	miniature
4. 注入	(动)	zhùrù	to pour into
5. 一如既往		yī rú jì wǎng	just as in the past; as before; as always
6. 致辞		zhì cí	to present a speech; to make a speech

专有名词 proper names

伍德里奇市	Wǔdé lǐqí shì	Wood Ridge City

 Grammar

1. 在……陪同下

常用搭配,正式用语,意思是和……一起,作为……的同伴。

(1) 我们在导游的陪同下游览了那里的遗址。

(2) 他在总统的陪同下检阅了仪仗队。

(3) 马来西亚旅游部长官在湖南省委官员的陪同下参加了"世界旅游小姐大赛"活动。

2. 向……发去感谢/贺/慰问电

常用搭配,正式用语,意思是给……打电话表示感谢/祝贺/慰问。

(1) 胡锦涛已向文莱苏丹发去感谢电,对文莱苏丹政府和人民给予的热情友好接待表示衷心感谢。

(2) 佛山市区两级政府向志高空调发去贺电,庆祝志高空调销售突破百亿元。

(3) 胡锦涛主席就莫斯科地铁恐怖事件向俄总统普京发去慰问电。

 Exercises

1. 给下面的句子排列顺序

Arrange the following sentences in a correct order

(1) 胡锦涛受到美国中国总商会会长等的热情迎接。

(2) 胡锦涛向奥巴马总统发去感谢电。

(3) 胡锦涛圆满结束对美国的国事访问,乘专机离开芝加哥回国。

(4) 胡锦涛说,在美中企业的成功是中美互利合作的一个缩影。

(5) 胡锦涛乘车来到位于芝加哥附近伍德里奇市的展厅。

(6) 展厅入口挂上了"热烈欢迎胡锦涛主席"横幅。

2. 根据下列解释,在课文中找出相应的表达词语

Find out the appropriate words from the text according to the following explanation

(1) 没有任何变化,还是像从前一样。(   )

(2) 比喻能代表同一类型特征的具体的人或事物。(   )

(3) 把物品摆放出来给人看。(   )

(4) 劝人努力;鼓励。(   )

词汇盘点 Key words extended

疏导	考验	共识	蔓延	注入
疏导客流	严峻的考验	达成共识	火势蔓延	注入活力
疏导交通	经受考验	建立共识	在人群中蔓延	注入新思想
心理疏导	接受考验	成为共识	传染病蔓延	注入新生命
疏导游客	考验爱情		到处蔓延	

玩转周末 Fun weekend

中国最大的通讯社是什么？

新华社是中国最大的通讯社，也是亚洲最大的通讯社，已经达到了世界级通讯社的规模，记者遍布全球每一个角落，新闻信息采集快捷、全面、准确、权威。在世界各地有一百多个分社，在中国大陆的每个省、直辖市、自治区都设有分社，有的地区还设有支社。新华社是中文媒体的主要新闻来源之一，同时使用英文、法文、西班牙文、俄文、阿拉伯文和葡萄牙文发稿。

三青年救了个政客

三个青年人从水里救出一个政客，他很感激他们，问他们需要什么帮忙以回报救命之恩。

第一个说："我希望进入最好的石油公司上班，但我的学历不高。"政客："没问题，你进了。"

第二个说："我想当税务局局长但被拒了。"政客："别担心，你当上了。"

第三个说："我希望被埋在国家公墓。"政客："公墓？为什么？"

第三个回答："如果我父亲知道我救了你，他会把我杀掉的。"

（改编自中文幽默王网）

The three young people rescued a politician

The three young people rescued a politician from the water. He was very grateful to them and asked what they need.

The first man said: "I want to enter the best petroleum corporation, but my education background not good." Politicians: "No problem, you go into."

The second one said: "I want to be appointed commissioner of Taxation Bureau but rejected." Politicians: "Do not worry, you're appointed."

The third one said: "I want to be buried at National Cemetery." Politicians: "the cemetery? Why?"

The third one answered: "If my father knew I saved you, he would kill me."

在哪儿见过? Where have you ever seen these pictures?

1.

2. 中国内地有两大通讯社（tōngxùnshè, a news agency）：新华社和中国新闻社（Zhōngguó xīnwénshè, China News Service）。

（一）

(二)这是中国新闻社在重庆的分社(fēnshè, branch office)。

3. 中国新闻周刊(China News Weekly)由中国新闻社主办,内容涵盖(hángài, to cover)政治、经济、科技、文化、体育、时尚、娱乐等领域,是一本既有新闻权威性(quánwēixìng, authority),又富有知识和趣味性的大众读物。

答案 Key to the exercises

星期一

1.（1）疏导——导游——游戏——戏剧——剧院
   （2）突破——破产——产品——品格——格子
2.（1）极端　　（2）突破　　（3）应对　　（4）缓解

星期二

（1）×　（2）×　（3）×　（4）×
（5）√　（6）√　（7）×　（8）√

星期三

1.（1）实况　　（2）阵容　　（3）沿用　　（4）开创　　（5）现场
2.（1）B　　（2）A

星期四

1.（1）B　　（2）D
2.（1）低谷　　（2）蔓延　　（3）通货膨胀　　（4）洋溢　　（5）冲击

星期五

1. 6→5→1→4→2→3
2.（1）一如既往　　（2）缩影　　（3）陈列　　（4）勉励

第十二周

东莞的未来

难度：★★　　建议时间：2分钟　　字数：402

东莞的未来

东莞的发展曾经是一个奇迹。1978年东莞是一个名不见经传的农业县，而2003年东莞的工业生产总值达到了948亿元。二十多年来，东莞的经济持续、快速、健康发展，是中国经济发展最快的地区之一。

有人说，东莞的成功就在于能够在每一个发展阶段紧紧把握机遇、主动调整自己。1978年，国家对外加工政策刚刚放开，东莞就利用靠近香港的地理优势创办了全国第一家"三来一补"企业。"三来一补"为东莞积聚了发展的基础，为农村工业化营造了条件。1994年，东莞基本实现农村工业化。上世纪90年代末，"东莞制造"已经世界闻名，尤其是IT制造业在全球占有重要地位。

与长江三角洲众多具备人才优势的城市相比，东莞的创新发展对人才的渴求更为迫切。最近两年多时间里，东莞仅本科生就引进了10万人，硕士以上毕业生超过5000人。在吸引人才方面，东莞要吸引人才、留住人才，就要靠推动产业转型，打造新的产业集群，加快产业发展；只有让人才感觉到这里有适合发展的空间，东莞才能真正具有吸引力。

（改编自《华南新闻》）

"三来一补"，The "Three-plus-one" trading mix (custom manufacturing with materials, designs or samples supplied and compensation trade)是中国内地在改革开放初期创立的一种企业贸易形式；具体是指来料加工、来样加工、来件装配和补偿贸易，由外商提供设备、原材料、来样，并且负责全部产品的外销，中国企业提供土地、厂房和劳动力。它最早出现于1978年的东莞。

生词 New words

1. 奇迹	（名）	qíjì	miracle
2. 名不见经传		míng bù jiàn jīngzhuàn	a name that never appeared in the classics; unknown
3. 农业	（名）	nóngyè	agriculture
4. 工业	（名）	gōngyè	industry
5. 生产总值		shēngchǎn zǒngzhí	total output value
6. 加工	（动）	jiāgōng	to process; to polish
7. 积聚	（动）	jījù	to accumulate; to build up
8. 制造业	（名）	zhìzàoyè	manufacturing industry
9. 迫切	（形）	pòqiè	urgent; pressing
10. 转型	（动）	zhuǎnxíng	to transform
11. 集群	（名）	jíqún	cluster

补充词语 Added words

长江三角洲　　Chángjiāng sānjiǎozhōu　　Yangtze River Delta

专有名词 proper names

东莞　　Dōngguǎn　　a city in Guangdong province of China

 Grammar

名不见经传

指一个人或者一个地方没有名气。

（1）小张出生于上海,而他的哥哥出生在一个名不见经传的小镇,小张至今都没去过那儿。

（2）历史上许多重大的发现都是由名不见经传的科学家完成的。

（3）大家都没想到导演选了一个名不见经传的演员来演这部电影的主角。

练一练 Exercises

1. 选词填空
Choose the correct words

农业　奇迹　加工　迫切　工业

（1）他从那么高的地方掉下来还能活着,真是一个_____!
（2）自从国家取消了_____税以后,中国农民的负担减轻了许多。
（3）中国的石油_____正在快速地发展。
（4）这些刚刚摘下来的桃子是要被_____成果汁的。
（5）这是目前_____需要解决的问题。

2. 根据课文内容,选择正确答案
Choose the correct answer according to the text

（1）改革开放以来,东莞能够成功发展的原因是(　)。
　　A.东莞以前是一个名不见经传的农业县。
　　B.东莞能够把握机遇、主动调整自己。
　　C.国家实行了对外加工政策。
　　D.东莞靠近香港。
（2）关于上世纪九十年代末的东莞,下面说法不正确的是(　)。
　　A.东莞基本实现农村工业化。
　　B."东莞制造"已经世界闻名。
　　C.东莞的IT制造业在全球占有重要地位。
　　D.东莞创办了全国第一家"三来一补"企业。
（3）关于人才方面,下面说法不正确的是(　)。
　　A.和长江三角洲的城市相比,东莞不具备人才优势。
　　B.东莞的创新发展迫切需要人才。
　　C.最近两年多时间里,东莞共引进本科以上毕业生10万人。
　　D.东莞要想留住人才就得让人才觉得东莞具备适合他发展的空间。

难度:★★★★　建议时间:4分钟　字数:604

中国造船业面临的问题

　　亚洲是世界上最主要的造船地区,中日韩三国造船量占世界造船总量的90%以上。全球金融危机使亚洲造船成为受灾最重的地区。金融危机爆发以来,航运市场急剧下滑,连续近6年的国际造船市场兴旺行情落下帷幕。2009年1~9月,我国造船企业接单情况与去年同比降幅达80%。

此前5年里,世界海运业曾一直前景辉煌,船东开始大量订购船舶,并导致许多集团、地方一哄而上建船厂。在正常情况下,我国船舶业的年有效需求在5000万吨左右,但是现在我国造船能力已经达到6600万吨,5年内猛增了约7倍,过剩约1600万吨,约占总能力的四分之一。这个数字是一个宏观估计,实际的过剩产能可能还要更大。世界造船产能到底需要多少,与航运业的发展状况密切相关,而有限的航运市场决定着我们的造船能力不可能无限制地膨胀。加之受国际金融危机所引发的供求关系逆转、新船有效需求严重不足、订单被撤销和延期接船等问题的影响,我国船舶年有效需求恐怕很难达到5000万吨。法国某船舶公司在其2008年报告中称:船厂和船舶融资银行2008年大肆妄下新船订单,2009年必然进入善后阶段。报告认为,全球合计5.9亿载重吨的新船订单中,已有两成被取消,而在未来的4年内,新船订单取消量将会上升至1.2亿载重吨。而该公司最新发布的统计数据更为惊人:今明两年船厂推迟交付量和船东撤单量预计占手持订单量的30%–60%。在世界船舶工业中,中国占全球产能近30%。产能过剩和船东撤单首先冲击的将是中国船企。据估计,随着需求的下降,中国造船产能的过剩可能超过一半。

(来源:北京银联信息咨询中心)

小贴士 中国船舶工业的主要力量是中国船舶工业集团公司,简称中船集团公司(China state shipbuilding corporation, 简称CSSC),组建于1999年7月,由中央直接管理。它的主要业务是造船,同时也在发展多个行业领域内的业务。

生词 New words

1. 行情	(名)	hángqíng	market condition; knowledge of the market	
2. 帷幕	(名)	wéimù	curtain	
3. 辉煌	(形)	huīhuáng	glorious	
4. 一哄而上		yī hòng ér shàng	impulsive ; unthinking	
5. 宏观	(名)	hóngguān	macro	
6. 产能	(名)	chǎnnéng	capacity	

7. 膨胀	（动）	péngzhàng	to expand
8. 逆转	（动）	nìzhuǎn	to reverse; to change for the worse; to deteriorate
9. 撤销	（动）	chèxiāo	to cancel; to rescind
10. 大肆	（副）	dàsì	without constraint; wantonly
11. 善后	（动）	shànhòu	to deal with the aftermath
12. 载重吨		zàizhòngdūn	dead weight ton
13. 冲击	（动）	chōngjī	to have a big impact on

学一学 Grammar

一哄而上

形容没有经过组织和准备就轻率地同时行动起来。

（1）超市开门后，等候在外的人群一哄而上，差点没把门挤破。

（2）商品房价格上涨，房地产投资者一哄而上，如果价格继续上涨，这种一哄而上的投资可能会再次出现。

练一练 Exercises

1. 选词填空

   Choose the correct words

   逆转　辉煌　帷幕　撤销　膨胀　行情

   （1）今天，本届奥运会正式拉开_____。

   （2）做生意时，如果不懂_____，很容易上当受骗。

   （3）这个国家的自由体操在国际比赛中取得过_____的成绩。

   （4）这位证人的出现使得案件的审理结果发生了_____。

   （5）超市卖的这种爆米花儿只要一加热就会_____。

   （6）由于规划不当，这两个待建项目都得_____。

2. 根据课文内容，判断正误（正确的画√，错误的画×）

   Decide whether the following statements are true(√) or false(×) according to the text

   （1）与2008年相比，2009年中国造船企业的接单情况不甚理想。

   （2）世界造船产能的需求量取决于实际的造船能力。

   （3）根据法国某船舶公司的报告，全球新船订单的百分之二十已被取消。

   （4）基于雄厚的产能实力，船东撤单不会对中国船企产生任何影响。

难度：★★★　　建议时间：3分钟　　字数：473

北京给中国汽车业踩了一脚刹车

在经过听证和广泛征求民意一周后，"北京交通改善措施"近日正式出炉。北京作为全国的政治和文化中心，它的每一项政策出台都会带来一定的影响力。

10年前，上海举行私车额度拍卖限制私车购买时，许多地方感到难以接受。如今，虽然北京采取的是摇号方式，但限制购车的目的都一样，北京原来对外地人在本市买车并上本市牌照从不予以限制，现在不仅采取"摇号"等措施限制上北京牌照，还限制外地车进京。

摇号确实能保证公平、公开、公正，但是否科学合理还有待商榷。正如业内人士质疑的，如果有驾照的北京市民或有五年在京纳税证明与暂住证的，都可以参与摇号，那么不买车的人参与摇号，是否在获得指标后能将指标合理合法地转让？如果能合法转让，有些想买车而"中不了号"、得不到指标的人势必会花钱去购买指标，这是否会给"黄牛"以可乘之机？

北京明年可能减少50万辆汽车销量，如果全国其他城市都来效仿北京的治堵新政，那中国汽车的年销量将大幅下滑。因此，北京限制购车犹如对中国汽车工业的高速增长踩了一脚"刹车"。就目前来说，北京的"治堵"还处于摸索阶段，如果其他城市不跟随，则将是中国汽车工业最大的喜讯。

（改编自《东方早报》）

摇号买车，要先报名预约排队，然后再统一参加摇号。摇号的时候，你按下按钮电脑就会随机出十个号。你在这十个号里选择一个你最喜欢的。

生词 New words

1. 听证	（动）	tīngzhèng		to hear more explanations of people concerned in order to know more about an event or special issue
2. 出炉		chū lú		(books, movies, plans, etc.) to come out; to release
3. 额度	（名）	édù		specified number of amount; quota
4. 牌照	（名）	páizhào		license certificate
5. 予以	（动）	yǔyǐ		to give; to grant
6. 商榷	（动）	shāngquè		to discuss; to deliberate
7. 纳税		nà shuì		to pay taxes
8. 转让	（动）	zhuǎnràng		to transfer the ownership of something
9. 势必	（副）	shìbì		certainly will
10. 黄牛	（名）	huángniú		scalper
11. 可乘之机		kě chéng zhī jī		an opportunity that can be exploited
12. 摸索	（动）	mōsuǒ		to grope

 学一学 Grammar

可乘之机

指可以利用的机会。

(1) 老大妈心地太善良了，让骗子有了可乘之机。
(2) 边境地区地形复杂，管理相对困难，这给一些不法分子提供了可乘之机。
(3) 现在逢年过节时候，人们习惯给朋友发送有关节日祝福的电子邮件，这样给一些垃圾邮件留下了可乘之机，而这些垃圾邮件会对计算机用户造成一定危害。

 练一练 Exercises

1. 连线，组成短语
   Match and form a phrase

（一）		（二）	
征求	出炉	予以	下滑
正式	牌照	有待	限制
上	民意	大幅	商榷

2. **根据课文内容,判断正误(正确的画√,错误的画×)**

   Decide whether the following statements are true(√) or false(×) according to the text

   (1) "北京交通改善措施"正式出炉前经过了一个星期的听证、征求民意。
   (2) 十年前,上海为了限制购车,举行了私车额度拍卖。
   (3) 在新政策出台以前,北京从不限制外地人在本市买车,却限制外地人上本市拍照。
   (4) 新政策出台以后,外地车辆可以自由地出入北京城。
   (5) 只有有驾照并且有北京户口的人才可以参与摇号。
   (6) 有人怀疑摇号方式会给"黄牛"以可乘之机。
   (7) 即使别的城市不学北京的治堵新政,中国汽车的年销量也会大大地下降。
   (8) 目前北京的治堵已经处于成熟阶段了。

难度:★★★　建议时间:3分钟　字数:496

外资企业面临招人难

"用低廉人力成本进行大量生产的世界工厂"这个长期以来对中国的劳动力市场的定论正在被慢慢颠覆。中国年轻人的工作价值观正在发生变化,让在中国开展业务的外资企业越来越难以保住人才。

某外资公司在中国生产的一部分秋冬服装逾期2-4周才交货,其原因在于劳动力不足。在中国拥有生产基地的公司中,因劳动力不足生产现场陷入停顿的情况时有出现。

江苏省的一家外资工厂现约有3300名员工,其中约2200人来自中国内陆地区,他们大多为二十岁左右的年轻人。到了下班时分,接送至宿舍的大巴排了近60辆。该公司的总经理抱怨道:"现在招人越来越难,最近的独生子女们大多不肯吃苦。"他还透露尽管每年涨薪约10%,但平均每月离职率仍然高达17%。

中国的年轻打工者被称为"新生代农民工",他们身上体现出了中国劳动者价值观的急剧变化。中华全国总工会今年6月的调查结果显示,劳动理由中选择"收入"的人中,1960年代出生的人占76.2%,80年代出生的人仅占18.2%,同时"出去玩"和"积累经验"这两个选项中80年代出生的人却超过70%。新生代农民跟他们父辈相比较而言,也更加注重劳动环境及薪酬待遇。随着中国劳动者权利意识的提高,外资企业越来越难像以往一样享受低廉人力成本所带来的好处了。

(改编自人民网)

新生代农民工主要是指80后、90后外出务工人员,这批人占到农民工的60%,一方面他们对农业、农村、土地等不是那么熟悉;另一方面他们渴望融入城市社会。他们受教育程度高、职业期望值高、物质和精神享受要求高,但是吃苦能力比较低。

生词 New words

1.	颠覆	(动)	diānfù	to subvert
2.	逾期		yú qī	overdue
3.	陷入	(动)	xiànrù	to sink into something
4.	透露	(动)	tòulù	to disclose
5.	离职		lí zhí	to resign
6.	急剧	(副)	jíjù	rapidly

专有名词 Proper names

中华全国总工会　　Zhōnghuá Quánguó Zǒnggōnghuì
All-China Federation of Labor

 学一学 Grammar

……,其(目的/原因/用意/意义/……)在于……

常用搭配,"其"指的是前一句的话题。

(1) 北京有相当一部分博物馆免费对外开放,其目的在于增强历史在人们生活中的地位和作用。

(2) 探讨和分析各种思维方式,其意义在于提高人们认识问题、分析问题的能力和水平。

(3) 四合院受到政府的重视和保护,其主要原因在于四合院是中国北方古典建筑的代表。

1. 在下列空格中填入合适的汉字,使得上下左右能组成词或短语
   Fill in the blanks in a character, so with the Chinese characters around it can be composed of a phrase

2. 根据课文内容,完成表格
   Complete the form according to the text

情况	原因
在华外资企业难保人才	
某在华外资企业秋冬装逾期交货	
工厂接送员工	

难度:★★★★ 建议时间:6分钟 字数:771

大风吹,油价天上飞

最近有点乱。先是上周五的九级大风刮倒了路旁大树,刮停了京沪高铁,风声中只听见一首老歌飘来荡去:"大风吹,大风吹,油价天上飞。"然后"油价哥"随风走红,在接受某地方电视台采访对油价又涨有何看法时,他回答:"我能说脏话吗?不能?那我没什么好说的。"

3月19日,国家发改委宣布上调成品油价格,调价后汽柴油价格双双突破8元关口。有人抱怨中国油价高过了美国,有人就搬出一份统计数据来说,日韩法德等国油价折合人民币都超过10元了;有人质疑中石油、中石化攫取暴利还涨价,两巨头委屈地表示:我们炼油板块一直巨亏……

对于上述种种,群众唯有腹诽——拿中国油价和日韩法德比,怎么不比比人均收入?总说炼油板块亏不起,但原油板块受益国际油价上涨，这部分利润为什么总是"选择性忽略"？说到底，油价上涨就算有一千个理由，如果市场竞争形同虚设，定价机制不透明，民众的牢骚还会继续。

　　油价上调之外，另一条与全民息息相关的消息就数养老金"入市"了。全国社会保障基金理事会日前获得国务院批准，将投资运营广东省千亿元养老保险金。这条消息既令人期待，又让人忧虑。期待的是，养老金的收益率跑不过CPI，一年"缩水"上千亿，而社保基金过去十几年来年均收益达到9.17%，我们自然期待养老金交由社保基金打理，能够钱生钱；而忧虑的则是，我国股市不可以常理度之，它涨，它跌，总是这么无厘头，养老金是老百姓的保命钱，入市会不会面临更多风险？

　　当然，社保基金对此有承诺，养老金入市并非就是入股市，将更多配置到固定收益类产品中，确保保值增值。但是，好的承诺更需要制度的保障，目前欠缺的恰恰是监督委托运营养老金的制度。在熊市当道之际，养老金的投资运营者克服股市诱惑容易做到，但股市回暖以后呢？大牛市来了，你能忍住不进去吗？希望监管层早日填补制度空缺，更希望社保基金不仅保持以往的投资水准，更要时刻保持冷静克制，铭记"安全第一"。

（改编自新京报网）

小贴士

　　油价哥：2012年3月国家发改委再次调整油价，一位记者在采访时询问一路人对此事的看法，该路人说："我能说脏话吗？不能？那我没什么好说的。"网友称他为"愤怒哥"，又名"油价哥"。"油价哥"对油价上涨的看法引起了网友的共鸣，"油价哥"也因此一炮而红。

生词 New words

1. 成品油	（名）	chéngpǐnyóu	refined oil; oil product
2. 攫取	（动）	juéqǔ	to grab; to seize
3. 暴利	（名）	bàolì	sudden huge profit
4. 炼油	（动）	liànyóu	to refine oil
5. 腹诽	（动）	fùfěi	unspoken criticism; silent curses or disagreement
6. 形同虚设		xíng tóng xū shè	to perform practically no function; to exist in name only; useless
7. 机制	（名）	jīzhì	mechanism
8. 牢骚	（名）	láosāo	grumble

9. 息息相关		xī xī xiāng guān	to be closely linked; to be intimately related
10. 养老金	（名）	yǎnglǎojīn	living expenses that a worker receives regularly after retirement
11. 度	（动）	duó	to estimate
12. 无厘头		wú lítóu	refers to a person's words and deeds being meaningless and bewildered
13. 委托	（动）	wěituō	to entrust
14. 当道		dāngdào	to hold power
15. 克制	（动）	kèzhì	to restraint
16. 铭记	（动）	míngjì	to bear in mind

专有名词 Proper names

1. 国家发改委	Guójiā Fāgǎiwěi	National Development and Reform Commission (中华人民共和国国家发展和改革委员会的简称)
2. 国务院	Guówùyuàn	The State Council of the people's Republic of China (中华人民共和国国务院的简称)
3. 全国社会保障基金理事会	Quánguó Shèhuì Bǎozhàng Jījīn Lǐshìhuì	National Council for social security fund

学一学 Grammar

1. 形同虚设

指形式上虽然有,但是却不起作用,像没有一样。

（1）咖啡厅里不少人嘴里含着烟,或手指夹着烟,"禁止吸烟"的标志形同虚设。

（2）这条步行街上虽然竖着"任何车辆不得入内"的牌子,但是形同虚设,很多人依然骑着自行车穿行在这条街上。

2. 息息相关

形容彼此的关系非常密切。

（1）人们的身体健康状况与他们的生活方式息息相关。

（2）水是生命的源泉,水与生命的起源息息相关。

练一练 Exercises

1. 选词填空

Choose the correct words

克制　　形容虚设　　铭记　　牢骚　　机制　　息息相关　　委托

(1) 市场_____的完善，有赖于社会诚信体系的建立。

(2) 她常因为一点儿小事就大发_____。

(3) 小王把办理财产继承的事宜全权_____给了律师。

(4) 一个人如果过于强制，会让人感到压力很大，原本属于你的东西最后也会离去，所以一定要学会_____自己，见好就收。你会吗？

(5) _____他人的好，忘记自己的功，每个生命是相似的，它的不同之处就在于我们用一颗怎样的心去对待。

(6) 这些问题与老百姓的生活_____，不管遇到什么困难，都要想办法解决。

(7) 小区的门禁_____，连快递员都知道密码。

2. 根据课文内容，选择正确答案

Choose the correct answer according to the text

(1) 关于"油价哥"，下面说法正确的是（　　）

　　A. 某电视台采访了"油价哥"对油价上涨的看法。

　　B. "油价哥"特别喜欢说脏话。

　　C. 由于在电视台采访时说脏话，"油价哥"出名了。

　　D. "油价哥"平时除了脏话，别的什么话都不说。

(2) 对于油价上调，下面哪项不是民众的反应？（　　）

　　A. 抱怨中国的油价比美国还高。

　　B. 对涨价提出疑问。

　　C. 指出炼油板块的亏损额巨大。

　　D. 对将中国油价与日韩法德比较心有不满。

(3) 关于养老金入市，作者的看法是（　　）

　　A. 由于中国股市的无厘头，养老金入市只会让人更忧虑。

　　B. 绝对相信社保基金的承诺。

　　C. 应尽快建立并完善监督机制。

　　D. 除了广东省，全国各省市的养老金都可以投资运营。

周末总盘点

词汇盘点 Key words extended

迫切	予以	急剧	开辟
要求迫切	予以表扬	气温急剧下降	开辟航线
十分迫切	予以奖励	物价急剧下跌	开辟道路
迫切需要	予以照顾	病情急剧恶化	开辟新领域
心情迫切	予以打击	环境急剧恶化	开辟了广阔的前景
	予以考虑		

玩转周末 Fun weekend

猜一猜 Guess

苹果树上有二十个苹果,已经熟透了。一阵风刮过,吹落了一半儿的苹果。后来,果农又从树上摘了一半儿苹果。请问,树上还剩下几个苹果?

Easy time

父亲与儿子

小男孩问爸爸:"是不是做父亲的总比做儿子的知道得多?"

爸爸回答:"当然啦!"

儿子又问:"电灯是谁发明的?"

爸爸回答:"爱迪生。"

儿子再次问道:"那爱迪生的爸爸怎么没有发明电灯?"

(改编自东论微博)

Father and Son

A little boy asks his father:"The father always knows much more than his son, doesn't it?"

The father says:"Of course."

Then the boy asks again:"Who invented the lamp?"

The father says:"Edison."

The boy asks again:"Then why didn't Edison's father invented the lamp?"

在哪儿见过? Where have you ever seen these pictures?

1. 中国石化的全称是中国石油化工股份有限公司,是中国石油化工集团公司于2000年设立的股份制企业。

2. 中国电力投资集团公司成立于2002年,主要从事电源的开发、投资、建设、经营和管理,组织电力(热力)生产和销售等业务。

3. 这是北京中国农业大学。目前中国农业大学已经发展成为一所以农学、生命科学和农业工程为特色和优势的研究型大学。

4. 华东电力设计院1953年创建于上海,现在隶属于中国电力工程顾问集团公司,主要承担电力系统规划,火电、核电等工程的勘测设计、咨询、总承包等。

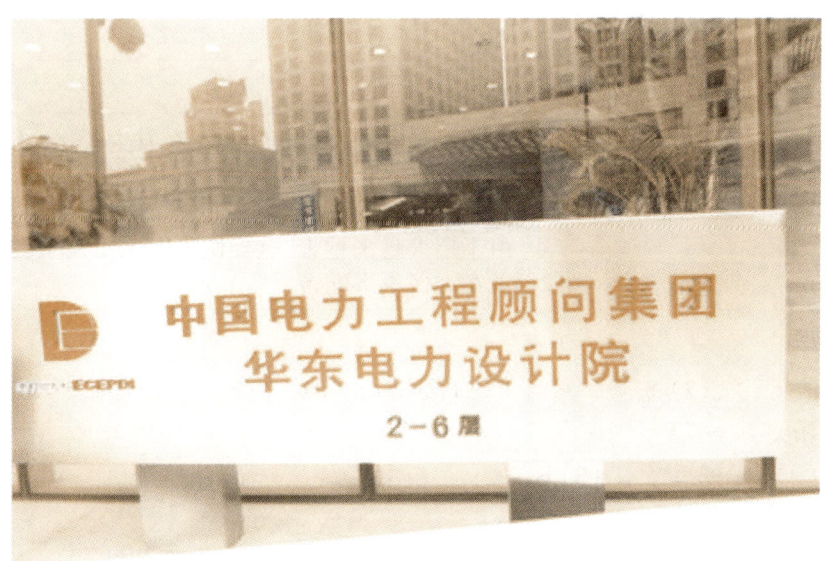

答案 Key to the exercises

星期一
1.（1）奇迹　（2）农业　（3）工业　（4）加工　（5）迫切
2.（1）B　（2）D　（3）C

星期二
1.（1）帷幕　（2）行情　（3）辉煌　（4）逆转　（5）膨胀　（6）撤销
2.（1）√　（2）×　（3）√　（4）×

星期三
1.
（一）
征求 → 民意
正式 → 牌照
上 → 出炉

（二）
予以 → 限制
有待 → 商榷
大幅 → 下滑

2.（1）√　（2）√　（3）×　（4）×　（5）×　（6）√　（7）×　（8）×

星期四
1. 着急剧烈　辞离职开

2.

情况	原因
在华外资企业难保人才	中国年轻人的工作价值观正在发生变化
某在华外资企业秋冬装逾期交货	劳动力不足
工厂接送员工	由于招人越来越难，这样做可以保住人才；独生子女大多不肯吃苦。

星期五
1.（1）机制　（2）牢骚　（3）委托　（4）克制　（5）铭记
　（6）息息相关　（7）形同虚设
2.（1）A　（2）C　（3）B

玩转周末
5个。（果农摘的是剩下10个苹果中的一半儿，所以树上还剩下5个苹果。）

附录一

生词表

A

安营扎寨		ān yíng zhā zhài	to camp; to set up a temporary dwelling	4—Mon
按摩	（动）	ànmó	to massage	10—Tue
暗青色	（名）	ànqīngsè	dark blue	10—Mon

B

白金	（名）	báijīn	platinum	4—Wed
拜访	（动）	bàifǎng	to visit; to make (or pay) a visit to sb	9—Thu
斑点	（名）	bāndiǎn	spot; stain	10—Mon
暴	（形）	bào	sudden	6—Wed
暴力	（名）	bàolì	violence	7—Mon
暴利	（名）	bàolì	excessive profit	1—Wed
暴利	（名）	bàolì	sudden huge profit	12—Fri
爆炸性		bàozhà xìng	breaking (news)	8—Wed
比率	（名）	bǐlǜ	ratio; rate	1—Mon
必备	（动）	bìbèi	to must have	10—Fri
弊端	（名）	bìduān	disadvantage; drawback	1—Thu
边缘	（形）	biānyuán	marginal	3—Fri
编写	（动）	biānxiě	to compile	10—Thu
编制	（动）	biānzhì	to weave	2—Mon
变革	（动）	biàngé	to transform; to change; to reform	5—Thu
变幻多端	（动/形）	biànhuàn duōduān	to change irregularly; fluctuate many and varied	2—Fri
变迁	（动）	biànqiān	change; transition	1—Mon
变速箱	（名）	biànsùxiāng	gearbox	11—Tue
便利性		biànlì xìng	convenience	1—Tue
濒危	（动）	bīnwēi	to be endangered	4—Thu
并机	（动）	bìngjī	parallel operation	11—Wed
博览会		bólǎnhuì	exposition; fair	8—Mon
博主	（名）	bózhǔ	blogger	5—Wed
薄弱	（形）	bóruò	weak	3—Fri
不当	（形）	búdàng	unsuitable; inappropriate	10—Wed
不乏	（动）	bùfá	[Formal] there is no lack of; numerous	3—Fri
不及	（动）	bùjí	to be inferior to	10—Wed
不可多得		bù kě duō dé	rare; hard to come by	2—Fri
不了了之		bù liǎo liǎo zhī	to leave unresolved	2—Mon

不明	（形）	bùmíng	unknown	8—Fri
不锈钢	（名）	búxiùgāng	stainless steel	4—Wed
不亚于	（动）	búyàyú	to be not worse than	10—Wed
不言而喻		bù yán ér yù	it goes without saying	6—Thu
不择手段		bù zé shǒuduàn	by hook or by crook	6—Thu

C

猜忌	（动）	cāijì	to be suspicious and jealous of	7—Tue
彩带	（名）	cǎidài	colored ribbon	9—Wed
草籽	（名）	cǎozǐ	grass seed	2—Mon
查处	（动）	cháchǔ	to investigate and prosecute	2—Thu
差距	（名）	chājù	a gap; the disparity	3—Tue
产能	（名）	chǎnnéng	capacity	12—Tue
朝政	（名）	cháozhèng	affairs of state	9—Tue
撤销	（动）	chèxiāo	to cancel; to rescind	12—Tue
沉疴	（名）	chénkē	a chronic disease	10—Tue
沉重	（形）	chénzhòng	heavy; serious; critical	6—Mon
陈列	（动）	chénliè	to put on display	11—Fri
撑不住		chēng bú zhù	to be unable to endure any more	8—Tue
成品油	（名）	chéngpǐnyóu	refined oil; oil product	12—Fri
成群结队		chéng qún jié duì	to form a group or a team	4—Thu
承担	（动）	chéngdān	to take (the responsibility, task)	1—Mon
承前启后		chéng qián qǐ hòu	to inherit from predecessors and inspire those who come later	6—Mon
程式	（名）	chéngshì	pattern	5—Thu
嗤之以鼻		chī zhī yǐ bí	to turn up one's nose; to give a snort of contempt	6—Thu
驰名中外		chí míng zhōng wài	be renowned at home and abroad	2—Tue
赤潮	（名）	chìcháo	red tide	4—Fri
充沛	（形）	chōngpèi	plentiful; abundant	5—Tue
冲刺	（动）	chōngcì	to make a dash towards the tape	8—Wed
冲顶		chōng dǐng	to make one last effort to reach the summit	6—Wed
冲击	（动）	chōngjī	to have a big impact on	12—Tue
冲击	（动）	chōngjī	shock	11—Thu
瞅准	（动）	chǒuzhǔn	be certain (about sth)	1—Wed
出具	（动）	chūjù	to show; to provide	7—Tue
出炉		chū lú	(books, movies, plans, etc.) to come out; to release	12—Wed
出台	（动）	chūtái	to unveil (fresh policy)	1—Thu
初步	（形）	chūbù	initial; preliminary	6—Tue
初犯	（动）	chūfàn	the first offense	7—Fri
处罚	（动）	chǔfá	to punish; to penalize	4—Fri
触犯	（动）	chùfàn	to violate (the law, etc.)	7—Mon
触摸	（动）	chùmō	to touch	2—Fri
传承	（动）	chuánchéng	to pass on	5—Thu
传奇	（名）	chuánqí	legend	11—Tue

辍学	（动）	chuòxué	to discontinue schooling; to drop out	3—Fri
此起彼伏		cǐ qǐ bǐ fú	continuously rising and falling	8—Wed
刺	（动）	cì	to stab; to prick	10—Tue
刺激	（动）	cìjī	to stimulate	10—Tue
刺激	（动）	cìliàn	to thorn through	10—Tue
粗略	（形）	cūlüè	rough	3—Fri
蹴鞠	（动）	cùjū	to kick a leather ball	9—Wed
璀璨	（形）	cuǐcàn	[Formal] bright; resplendent	5—Tue

D

搭建	（动）	dājiàn	to set up	1—Thu
大器晚成		dà qì wǎn chéng	Great minds mature slowly.	5—Tue
大势所趋		dàshì suǒ qū	represent [be] the general trend	1—Thu
大肆	（副）	dàsì	without constraint; wantonly	12—Tue
大腕	（名）	dàwàn	star; headliner	5—Wed
大宗	（形）	dàzōng	a large amount of; by the gross	11—Thu
代理	（动）	dàilǐ	to act on behalf of somebody	6—Fri
担忧	（动）	dānyōu	to worry; to be anxious	1—Tue
淡定	（形）	dàndìng	calm	5—Wed
当道		dāngdào	to hold power	12—Fri
荡秋千		dàng qiūqiān	to play on a swing	9—Wed
导弹	（名）	dǎodàn	missile	8—Tue
倒手	（动）	dǎoshǒu	round transaction	1—Wed
到位	（动）	dàowèi	to be up to the required standard	6—Fri
得天独厚		dé tiān dú hòu	enjoy great natural advantages	4—Thu
登记	（动）	dēngjì	to register; to enter one's name	1—Fri
低谷	（名）	dīgǔ	at a low ebb	11—Thu
底蕴	（名）	dǐyùn	[Formal] inside information	5—Tue
地平线	（名）	dìpíngxiàn	the horizon	9—Fri
地源热泵		dì yuán rè bèng	ground—source heat pump	8—Mon
递增	（动）	dìzēng	to increase progressively	1—Tue
颠覆	（动）	diānfù	to subvert	12—Thu
典雅	（形）	diǎnyǎ	refined; elegant	2—Fri
殿堂	（名）	diàntáng	palace hall	5—Fri
雕刻	（动）	diāokè	to carve; to sculpture	5—Fri
调控	（动）	tiáokòng	to regulate and control	6—Tue
调研	（动）	diàoyán	to research	5—Fri
跌落	（动）	diēluò	to drop	6—Wed
定都		dìng dū	to choose a site for the capital; to establish a capital	9—Tue
动辄	（副）	dòngzhé	easily; frequently; at every turn	2—Thu
毒性	（名）	dúxìng	toxicity	10—Mon
度	（动）	duó	to estimate	12—Fri
断	（动）	duàn	to judge; to decide	8—Fri
兑现	（动）	duìxiàn	to fulfill	6—Thu

囤	（动）	tún	to store up	6—Tue

E

额度	（名）	édù	specified number of amount; quota	12—Wed
恶劣	（形）	èliè	disgusting; bad	4—Thu
遏制	（动）	èzhì	to keep within limits; to restrain	6—Tue
二氧化氮	（名）	èryǎnghuàdàn	nitrogen dioxide	4—Tue

F

发酵	（动）	fājiào	to ferment	2—Mon
发射	（动）	fāshè	to launch	8—Tue
翻番		fān fān	to increase by a specified number of times	6—Wed
反弹	（动）	fǎntán	to rebound	6—Tue
防止	（动）	fángzhǐ	to prevent	7—Wed
房梁	（名）	fángliáng	house beam	9—Fri
沸点	（名）	fèidiǎn	boiling point	4—Thu
分界线	（名）	fēnjièxiàn	boundary	10—Wed
分泌	（动）	fēnmì	to secrete	4—Fri
纷至沓来		fēn zhì tà lái	to come in a continuous stream	8—Wed
粉丝	（名）	fěnsī	fans	5—Wed
愤愤不平		fèn fèn bù píng	to be indignant	8—Thu
佛像	（名）	fóxiàng	a Buddhist image; a Buddhist statue	9—Thu
佛珠	（名）	fózhū	Buddha beads	9—Thu
福音	（名）	fúyīn	[Figurative] glad tidings; good news	5—Thu
抚摸	（动）	fǔmō	to stroke; to fondle	9—Thu
副作用	（名）	fùzuòyòng	side effect	10—Mon
富营养化		fùyíngyǎnghuà	eutrophication	4—Fri
腹诽	（动）	fùfěi	unspoken criticism; silent curses or disagreement	12—Fri
覆盖	（动）	fùgài	to cover	8—Thu

G

改观	（动）	gǎiguān	to change the appearance of	6—Thu
干粮	（名）	gānliang	solid food (prepared for a journey); field rations	10—Thu
干涉	（动）	gānshè	to interfere	7—Mon
感慨	（动）	gǎnkǎi	to sigh with emotion	1—Wed
高端	（形）	gāoduān	high—end	3—Wed
高峻	（形）	gāojùn	high and steep	4—Thu
高铁	（名）	gāotiě	high speed railway	11—Mon
格局	（名）	géjú	pattern	11—Thu
隔墙	（名）	géqiáng	partition	2—Tue
给力	（形）	gěilì	brilliant	5—Wed
更新	（动）	gēngxīn	to update	5—Wed
工笔	（名）	gōngbǐ	traditional Chinese realistic painting	5—Tue
工业	（名）	gōngyè	industry	12—Mon

公元前		gōngyuán qián	BC	9—Tue
公证	（动）	gōngzhèng	to notarize	7—Tue
功不可没		gōng bù kě mò	to have made large contributions which cannot be completely ignored	6—Thu
功劳	（名）	gōngláo	merit; praiseworthy achievement	9—Tue
巩固	（动）	gǒnggù	to consolidate; to strengthen; to solidify	9—Tue
共识	（名）	gòngshí	common consensus	11—Thu
贡献	（名）	gòngxiàn	contribution	9—Mon
构成	（动）	gòuchéng	to constitute	7—Mon
古玩	（名）	gǔwán	antique	5—Mon
骨干	（名）	gǔgàn	backbone; mainstay	8—Thu
刮痧		guā shā	to scrap	10—Mon
刮痧板	（名）	guāshā bǎn	scrapping plate	10—Mon
挂钩		guà gōu	to link up with; to establish contact with	1—Fri
关乎	（动）	guānhū	to concern; to involve	8—Thu
观瞻	（名）	guānzhān	visual impact	2—Wed
灌木	（名）	guànmù	bush; shrub	4—Mon
光束	（名）	guāngshù	light beam	8—Fri
归结	（动）	guījié	to sum up	8—Fri
规定	（动）	guīdìng	to stipulate	7—Mon
规范	（名）	guīfàn	standard	6—Mon
规矩	（名）	guīju	rule; established practice	11—Wed
国籍	（名）	guójí	nationality	7—Thu
过渡	（名）	guòdù	transition	1—Thu

H

行情	（名）	hángqíng	quotation	6—Wed
行情	（名）	hángqíng	market condition; knowledge of the market	12—Tue
哈达	（名）	hǎdá	a piece of silk used as a greeting gift among the Zang and Mongol nationalities	9—Thu
汗腺	（名）	hànxiàn	sweat bland	10—Mon
和睦	（形）	hémù	harmonious	7—Wed
和衣		hé yī	(sleep) with one's clothes on	8—Tue
荷包	（名）	hébāo	small bag (for carrying money and odds and ends); pouch	5—Fri
核桃	（名）	hétao	walnut	10—Wed
黑马	（名）	hēimǎ	(racehorses or persons with unexpected capabilities) a dark horse	11—Tue
宏观	（名）	hóngguān	macro	12—Tue
后备箱	（名）	hòubèixiāng	trunk (of a car)	8—Mon
呼唤	（动）	hūhuàn	to call	6—Thu
忽视	（动）	hūshì	to ignore	10—Wed
户籍	（名）	hùjí	household register	1—Fri
户口簿	（名）	hùkǒubù	household register; residence booklet	7—Thu

护身符	（名）	hùshēnfú	amulet; protective talisman	9—Thu
华裔	（名）	huáyì	non—Chinese citizen of Chinese origin	7—Thu
化瘀		huà yū	(in Chinese medicine) to dissolve accumulated stasis of blood	10—Mon
荒唐	（形）	huāngtáng	ludicrous; absurd	2—Thu
黄牛	（名）	huángniú	scalper	12—Wed
诙谐	（形）	huīxié	funny; humorous; witty	5—Wed
辉煌	（形）	huīhuáng	glorious	12—Tue
辉煌	（形）	huīhuáng	brilliant; splendid	9—Mon
或多或少		huò duō huò shǎo	referring to an unknown quantity or amount	10—Wed

J

机构	（名）	jīgòu	organization; institution	3—Thu
机关	（名）	jīguān	government organization, institution, etc	7—Thu
机遇	（名）	jīyù	opportunity; chance	3—Thu
机制	（名）	jīzhì	mechanism	12—Fri
积聚	（动）	jījù	to accumulate; to build up	12—Mon
基本面	（名）	jīběnmiàn	fundamentals	6—Wed
基地	（名）	jīdì	centre; (military) base	8—Tue
基石	（名）	jīshí	foundation stone; cornerstone	1—Mon
及时	（形）	jíshí	timely	5—Wed
极端	（副）	jíduān	extremely	11—Mon
急剧	（副）	jíjù	rapidly	12—Thu
集权	（动）	jíquán	to centralize	9—Tue
集群	（名）	jíqún	cluster	12—Mon
集装箱	（名）	jízhuāngxiāng	container	2—Thu
籍贯	（名）	jíguàn	native place	1—Fri
系	（动）	jì	to tie; to fasten	9—Wed
记忆犹新		jìyì yóu xīn	to remain fresh in one's memory	8—Fri
继承人	（名）	jìchéngrén	heir	7—Wed
祭拜	（动）	jìbài	to worship	9—Fri
祭祀	（动）	jìsì	to offer sacrifices to gods or ancestors	9—Wed
霁	（动）	jì	to clear up after rain or snow	4—Thu
加工	（动）	jiāgōng	to process; to polish	12—Mon
艰苦	（形）	jiānkǔ	harsh	6—Mon
监测	（动）	jiāncè	to monitor	4—Tue
监护人	（名）	jiānhùrén	[Law] guardian; custodian	7—Mon
简化	（动）	jiǎnhuà	to simplify	9—Tue
简陋	（形）	jiǎnlòu	simple and crude; humble	3—Fri
交错	（动）	jiāocuò	to criss—cross	2—Fri
交接	（动）	jiāojiē	to hand over and to take over	7—Wed
交易所	（名）	jiāoyìsuǒ	bourse	6—Wed
交织	（动）	jiāozhī	to interweave; to intertwine	8—Fri

缴纳	（动）	jiǎonà	to pay	1—Fri
较量	（动）	jiàoliàng	to compete	8—Thu
接近	（动）	jiējìn	to approach	3—Wed
节约	（动）	jiéyuē	to save	4—Wed
解毒		jiě dú	to detoxicate	10—Mon
解剖	（动）	jiěpōu	to dissect	7—Fri
金星	（名）	jīnxīng	Venus	8—Fri
尽如人意		jìn rú rényì	just as one wishes; entirely satisfactory	2—Wed
经书	（名）	jīngshū	Confucian classics	9—Thu
精灵	（名）	jīnglíng	spirit	4—Thu
纠纷	（名）	jiūfēn	dispute	7—Tue
就绪	（动）	jiùxù	to be in order	8—Wed
拘留	（动）	jūliú	[Law] to detain; to take sb. into custody	7—Fri
鞠躬		jū gōng	to bow	9—Thu
聚集	（动）	jùjí	to gather; to assemble	4—Tue
涓涓	（形）	juānjuān	trickling	2—Fri
决然	（副）	juérán	determinedly	8—Tue
决心	（动）	juéxīn	to make up one's mind	10—Thu
攫取	（动）	juéqǔ	to grab; to seize	12—Fri

K

开创	（动）	kāichuàng	to start; initiate; found	11—Wed
开国	（动）	kāiguó	to found a country or state	9—Tue
勘察	（动）	kānchá	to reconnoiter (an area for engineering or other purposes)	8—Tue
堪称	（动）	kānchēng	can be rated as	5—Thu
抗衡	（动）	kànghéng	to match	5—Tue
考验	（动）	kǎoyàn	to test	11—Mon
科举	（名）	kējǔ	imperial examinations	9—Mon
颗粒物	（名）	kēlìwù	particles	4—Tue
可乘之机		kě chéng zhī jī	an opportunity that can be exploited	12—Wed
可持续发展		kě chíxù fāzhǎn	sustainable development	4—Wed
可见一斑		kě jiàn yī bān	to see a segment of a whole	6—Thu
可口	（形）	kěkǒu	tasty	10—Wed
克制	（动）	kèzhì	to restraint	12—Fri
空旷	（形）	kōngkuàng	open; spacious	8—Fri
控制屏	（名）	kòngzhìpíng	control panel	8—Mon
苦中作乐		kǔzhōngzuòlè	enjoy life despite hardship; find joy amid hardship	2—Thu
酷暑	（名）	kùshǔ	the intense heat of summer; high summer	10—Thu
宽带	（名）	kuāndài	broadband	8—Thu
宽松	（形）	kuānsōng	loose	1—Tue
矿物质	（名）	kuàngwùzhì	mineral	10—Wed
捆绑	（动）	kǔnbǎng	to tie up; to bind	6—Mon
扩散	（动）	kuòsàn	to spread	4—Tue

| 扩张 | （动） | kuòzhāng | to dilate; to expand | 10—Mon |
| 扩招 | （动） | kuòzhāo | to increase enrollment | 3—Wed |

L

喇嘛教	（名）	lǎmajiào	Lamaism (a form of Buddhism practiced in Tibet)	9—Thu
赖以	（动）	làiyǐ	to rely on; to depend on	4—Fri
蓝皮书	（名）	lánpíshū	blue book	6—Tue
劳损	（动）	láosǔn	to strain	10—Tue
劳役	（名）	láoyì	[Law] penal servitude; hard labour	7—Fri
牢骚	（名）	láosāo	grumble	12—Fri
老龄化	（名）	lǎolínghuà	aging	1—Mon
累计	（动）	lěijì	to add up	4—Wed
离职		lí zhí	to resign	12—Thu
理财		lǐ cái	to conduct financial transactions; to manage finances	6—Mon
理科	（名）	lǐkē	(a course of) science	3—Tue
锂电池	（名）	lǐ diànchí	lithium battery	8—Mon
立竿见影		lì gān jiàn yǐng	to produce instant results	10—Mon
联名	（动）	liánmíng	jointly signed; jointly	7—Tue
炼油	（动）	liànyóu	to refine oil	12—Fri
良性	（形）	liángxìng	benign	6—Mon
疗法	（名）	liáofǎ	therapy	10—Mon
猎人	（名）	lièrén	hunter	10—Thu
林业局		línyè jú	forestry bureau	4—Mon
柳条筐		liǔtiáo kuāng	wicker basket	5—Fri
龙鳞	（名）	lónglín	dragon scale	9—Fri
龙须	（名）	lóngxū	dragon beard	9—Fri
隆重	（形）	lóngzhòng	solemn; grand	9—Thu
垄断	（名）	lǒngduàn	monopoly	8—Thu
楼榭	（名）	lóuxiè	house terrace	2—Fri
芦苇	（名）	lúwěi	reed	4—Mon
屡见不鲜		lǚ jiàn bù xiān	common occurence	2—Thu
伦理	（名）	lúnlǐ	ethic; moral; morality	1—Mon
螺丝	（名）	luósī	screw	8—Wed
落户		luò hù	to settle	1—Fri
落幕		luò mù	to drop the curtain	11—Tue

M

麻	（形）	má	numb	10—Tue
麻袋	（名）	mádài	gunnysack	2—Mon
蔓延	（动）	mànyán	(of diseases, fire, etc.) to spread; to extend	11—Thu
盲区	（名）	mángqū	blind area	8—Fri
毛细血管	（名）	máoxìxuèguǎn	blood capillary	10—Mon
每况愈下		měi kuàng yù xià	steadily deteriorate	4—Fri
门槛	（名）	ménkǎn	(metaphor) criteria and conditions	3—Fri

猛烈	（形）	měngliè	fierce; vigorous	6—Tue
密集	（形）	mìjí	concentrated; compressed	2—Fri
勉励	（动）	miǎnlì	to encourage	11—Fri
瞄	（动）	miáo	to take aim; to target	2—Thu
民俗	（名）	mínsú	folk custom	11—Wed
民意	（名）	mínyì	public opinion	7—Tue
名不见经传		míng bù jiàn jīngzhuàn	a name that never appeared in the classics; unknown	12—Mon
名额	（名）	míng'é	the number of persons designated or allowed	3—Fri
铭记	（动）	míngjì	to bear in mind	12—Fri
摸索	（动）	mōsuǒ	to grope	12—Wed
摩擦	（动）	mócā	to rub	10—Mon
牟取	（动）	móuqǔ	try to gain; seek(illegally)	1—Wed
木工	（名）	mùgōng	a carpenter; a woodworker	5—Tue
木屑	（名）	mùxiè	bits of wood; sawdust	2—Mon

N

纳税		nà shuì	to pay taxes	12—Wed
闹剧	（名）	nàojù	farce	8—Fri
逆转	（动）	nìzhuǎn	to reverse; to change for the worse; to deteriorate	12—Tue
年糕	（名）	niángāo	pastry made of the flour of glutinous rice	9—Fri
年画	（名）	niánhuà	New Year picture	5—Fri
凝聚	（动）	níngjù	to condense; to agglomerate	5—Fri
牛市	（名）	niúshì	bull market	6—Wed
农业	（名）	nóngyè	agriculture	12—Mon
浓度	（名）	nóngdù	[化] concentration; consistency	4—Tue
浓缩	（动）	nóngsuō	to concentrate; to enrich	2—Fri
挪动	（动）	nuódòng	to move; to shift	2—Mon

P

拍卖	（动）	pāimài	to auction	5—Mon
牌照	（名）	páizhào	license certificate	12—Wed
派	（量）	pài	(used with "一"; measure word for scene, atmosphere, speech, etc.)	4—Mon
泡沫	（名）	pàomò	foam	11—Thu
配偶	（名）	pèi'ǒu	spouse; mate	7—Thu
配套	（动）	pèitào	to assort	8—Tue
膨胀	（动）	péngzhàng	to expand	12—Tue
批准	（动）	pīzhǔn	to give official approval	6—Wed
偏差	（名）	piānchā	deviation	2—Wed
平凡	（形）	píngfán	ordinary	5—Thu
平台	（名）	píngtái	platform	1—Thu
屏风	（名）	píngfēng	screen	5—Fri

词语	词性	拼音	释义	日期
屏障	(名)	píngzhàng	barrier	4—Thu
颇	(副)	pō	rather; quite; considerably	4—Wed
迫切	(形)	pòqiè	urgent; pressing	12—Mon

Q

词语	词性	拼音	释义	日期
栖息	(动)	qīxī	to perch; to rest	4—Mon
奇迹	(名)	qíjì	miracle	12—Mon
奇葩	(名)	qípā	exotic flower	10—Mon
奇特	(形)	qítè	peculiar; queer	8—Mon
气功	(名)	qìgōng	a system of deep breathing exercises	10—Fri
契机	(名)	qìjī	turning point	8—Thu
砌	(动)	qì	to build by laying bricks or stones	2—Tue
起起落落		qǐ qǐ luò luò	ups and downs	6—Wed
起眼	(形)	qǐyǎn	(usually used in the negative) attract attention; attractive (of appearance)	2—Mon
迁徙	(动)	qiānxǐ	to migrate; to move	4—Mon
前列	(名)	qiánliè	forefront	2—Wed
潜在	(形)	qiánzài	latent; potential	3—Tue
强迫	(动)	qiǎngpò	to force; to compel	7—Fri
悄然	(形)	qiǎorán	quietly; softly	1—Mon
敲击	(动)	qiāojī	to strike; to knock	9—Fri
侨胞	(名)	qiáobāo	overseas Chinese	1—Tue
勤快	(形)	qínkuài	diligent; hard—working	8—Fri
青稞酒	(名)	qīngkējiǔ	spirit made from highland barley	9—Thu
清明节		qīngmíng jié	Tomb Sweeping Day	9—Wed
清热		qīng rè	(in Chinese traditional medicine) to relieve internal heat	10—Mon
驱赶	(动)	qūgǎn	to drive something away	2—Mon
渠道	(名)	qúdào	channel	6—Fri
取消	(动)	qǔxiāo	to cancel	1—Thu
权力	(名)	quánlì	power; authority	7—Wed
权益	(名)	quányì	rights and benefits	3—Mon
全盛	(形)	quánshèng	(of a historical period) flourishing	2—Fri
缺失	(动)	quēshī	to lack	7—Wed
缺一不可		quē yī bù kě	all component parts of a whole or all participants of an event are very important and an indispensable part	10—Fri

R

词语	词性	拼音	释义	日期
绕	(动)	rào	to detour	3—Wed
认定	(动)	rèndìng	to firmly believe; to maintain	10—Fri
认证	(动)	rènzhèng	to authenticate	7—Thu
日积月累		rì jī yuè lěi	to accumulate over a long period	10—Wed
融合	(动)	rónghé	to merge	9—Tue
如期	(副)	rúqī	by the scheduled time	8—Thu
儒雅	(形)	rúyǎ	refined; graceful	5—Wed

S

鳃	（名）	sāi	gill	4—Fri
扫盲		sǎo máng	to eliminate illiteracy	6—Fri
扫墓		sǎo mù	to visit a tomb	9—Wed
色拉油	（名）	sèlāyóu	salad oil	10—Mon
沙	（名）	shā	sand	10—Mon
山楂	（名）	shānzhā	hawthorn	10—Wed
珊瑚礁	（名）	shānhújiāo	coral reefs	4—Fri
闪烁	（动）	shǎnshuò	to glisten; to glitter; to twinkle	9—Wed
善后	（动）	shànhòu	to deal with the aftermath	12—Tue
赡养	（动）	shànyǎng	to support; to provide for; to maintain	1—Mon
商机	（名）	shāngjī	business opportunities	1—Wed
商榷	（动）	shāngquè	to discuss; to deliberate	12—Wed
上调	（动）	shàngtiáo	to raise	6—Wed
烧灼	（动）	shāozhuó	to burn	10—Tue
社保	（名）	shèbǎo	social security	1—Fri
涉嫌	（动）	shèxián	to be suspected of being involved	7—Mon
申请	（动）	shēnqǐng	to apply for	1—Fri
伸展	（动）	shēnzhǎn	to spread; to extend; to stretch	9—Fri
深沉	（形）	shēnchén	(of degree) deep	5—Wed
审批	（动）	shěnpī	to examine and approve	2—Thu
生产总值		shēngchǎn zǒngzhí	total output value	12—Mon
生机勃勃		shēngjī bó bó	full of vigor	9—Wed
生态学	（名）	shēngtàixué	ecology	4—Mon
声明	（名）	shēngmíng	declaration; statement	7—Thu
声誉	（名）	shēngyù	reputation; fame	3—Wed
胜地	（名）	shèngdì	famous scenic spot	5 Mon
绳	（名）	shéng	rope	9—Wed
盛	（形）	shèng	vigorous; energetic	10—Fri
盛况	（名）	shèngkuàng	a grand occasion	9—Mon
盛誉	（名）	shèngyù	great fame; high reputation	5—Tue
施展	（动）	shīzhǎn	to put ...to good use	6—Fri
湿地	（名）	shīdì	wetland	4—Mon
实况	（形）	shíkuàng	live	11—Wed
实时	（副）	shíshí	real time; actual time	8—Wed
始料未及		shǐ liào wèi jí	unexpected	8—Wed
世家	（名）	shìjiā	an old and well—known family; an aristocratic family	10—Thu
世人皆知		shì rén jiē zhī	all the world knows	2—Tue
事务所	（名）	shìwùsuǒ	firm	11—Thu
势必	（副）	shìbì	certainly will	12—Wed
势头	（名）	shìtou	impetus; momentum	6—Tue
收视率	（名）	shōushìlǜ	audience rating	11—Wed
收益	（名）	shōuyì	income; profit; earnings	6—Mon

手续	（名）	shǒuxù	procedure; formalities	7—Thu
枢纽	（名）	shūniǔ	hub; pivot	2—Wed
疏导	（动）	shūdǎo	to dredge; to channelize	11—Mon
输出	（动）	shūchū	to export; to output	1—Tue
束之高阁		shù zhī gāo gé	to lay aside and neglect	5—Thu
水牛角	（名）	shuǐniújiǎo	buffalo horn	10—Mon
税率	（名）	shuìlǜ	rate of tax	6—Wed
顺应	（动）	shùnyìng	to comply with; to conform to	10—Fri
四通八达		sì tōng bā dá	to extend in all directions	2—Wed
松动	（动）	sōngdòng	to become flexible; loosen	1—Thu
松懈	（形）	sōngxiè	relaxed	3—Mon
酥油茶	（名）	sūyóuchá	Tibet butter tea	9—Thu
诉求	（名）	sùqiú	requirement; demand; appeal	2—Wed
塑料	（名）	sùliào	plastic	4—Wed
随意	（形）	suíyì	random; at will	5—Wed
缩影	（名）	suōyǐng	miniature	11—Fri

T

踏板	（名）	tàbǎn	treadle	9—Wed
踏青	（动）	tàqīng	to go for a walk in early spring	9—Wed
台基	（名）	táijī	pedestal; platform	2—Tue
太后	（名）	tàihòu	the mother of an emperor or king	9—Tue
探亲		tàn qīn	to visit one's (close) relatives	7—Thu
陶瓷	（名）	táocí	ceramics (or pottery and porcelain literally)	5—Mon
淘	（动）	táo	to search for; to seek	1—Mon
调养	（动）	tiáoyǎng	to build up one's health by rest and by taking nourishing food	10—Fri
弹	（动）	tán	to flip	9—Thu
特级	（形）	tèjí	super; fancy; superfine	3—Mon
提炼	（动）	tíliàn	to refine	4—Wed
提心吊胆		tí xīn diào dǎn	in a state of uneasiness, strain or suspense	2—Thu
题词	（名）	tící	dedication; inscription	2—Fri
天文学家		tiānwénxué jiā	astronomer	9—Fri
添	（动）	tiān	to add; to increase	9—Thu
挑刺		tiāo cì	find fault with	5—Wed
挑战	（动）	tiǎozhàn	to give a challenge	1—Mon
听证	（动）	tīngzhèng	to hear more explanations of people concerned in order to know more about an event or special issue	12—Wed
亭台	（名）	tíngtái	pavilion	2—Fri
停尸房	（名）	tíngshīfáng	mortuary	7—Fri
通货膨胀		tōng huò péngzhàng	[Economics] inflation	11—Thu
通信	（动）	tōngxìn	to correspond	8—Tue
同比	（动）	tóngbǐ	to compare with the same period of the previous year	11—Mon

同质化	（名）	tóngzhìhuà	homogenization	6—Thu
铜	（名）	tóng	copper	4—Wed
统治	（动）	tǒngzhì	to dominate; to reign	9—Mon
痛处	（名）	tòngchù	a tender spot	3—Tue
投保		tóu bǎo	to take out insurance	6—Fri
投机	（动）	tóujī	to seize a chance to seek a private gain; to be opportunistic	6—Tue
投资	（名）	tóuzī	investment	1—Tue
透露	（动）	tòulù	to disclose	12—Thu
突破	（动）	tūpò	to surpass	11—Mon
突围	（动）	tūwéi	to break out of an encirclement	6—Mon
徒刑	（名）	túxíng	[Law] imprisonment; sentence	7—Fri
土壤	（名）	tǔrǎng	soil	8—Mon
团购	（动）	tuángòu	a type of purchasing behavior that a group of people use to obtain discounts from vendors	6—Thu
推陈出新		tuī chén chū xīn	to weed through the old to bring forth the new	5—Thu

W

外贸	（名）	wàimào	foreign trade	3—Thu
蜿蜒	（动）	wānyán	to wind; zigzag	2—Fri
微博	（名）	wēibó	microblog	5—Wed
违章	（动）	wéizhāng	to violate regulations	2—Thu
围观	（动）	wéiguān	(of a crowd of people) to watch	8—Wed
帷幕	（名）	wéimù	curtain	12—Tue
委身	（动）	wěishēn	to submit to	2—Thu
委托	（动）	wěituō	to entrust	12—Fri
温馨	（形）	wēnxīn	warm	2—Tue
文科	（名）	wénkē	the liberal arts	3—Tue
文献	（名）	wénxiàn	documents	5—Fri
闻名	（动）	wénmíng	to be renowned	2—Fri
稳扎稳打		wěn zhā wěn dǎ	to proceed steadily and step by step	11—Tue
蜗居	（动）	wōjū	to live in a humble abode	2—Thu
乌梅	（名）	wūméi	dark plum	10—Wed
无可奈何		wúkěnàihé	feel helpless	1—Wed
无厘头		wú lítóu	refers to a person's words and deeds being meaningless and bewildered	12—Fri
无奈	（动）	wúnài	to have no choice	7—Wed
无所适从		wú suǒ shì cóng	not know what to do	6—Fri
毋庸讳言		wù yōng huì yán	needless to say	8—Thu
妩媚	（形）	wǔmèi	(of a woman) charming; lovely	4—Thu
武士	（名）	wǔshì	warrior; knight	9—Wed
务工	（动）	wùgōng	to work or do business	11—Mon

X

息息相关		xī xī xiāng guān	to be closely linked; to be intimately related	12—Fri
稀有金属		xīyǒu jīnshǔ	rare metal	4—Wed
遐迩		xiá'ěr	far and near	2—Fri
下跌	(动)	xiàdiē	to fall	6—Wed
先例	(名)	xiānlì	precedent	11—Wed
掀	(动)	xiān	to lift (a cover)	2—Mon
衔接	(动)	xiánjiē	to link up	6—Mon
现场	(名)	xiànchǎng	scene	11—Wed
陷入	(动)	xiànrù	to sink into something	12—Thu
相对	(形)	xiāngduì	relative	10—Fri
相继	(副)	xiāngjì	in succession; one after another	4—Tue
相通	(动)	xiāngtōng	to communicate with each other; to be interlinked	10—Fri
厢房	(名)	xiāngfáng	wing (of a house)	2—Tue
享年	(名)	xiǎngnián	[Formal] to have lived (so many stated years)	5—Tue
享有	(动)	xiǎngyǒu	to possess; to enjoy (prestige, rights, etc.)	5—Tue
象征	(名)	xiàngzhēng	symbol	2—Tue
削减	(动)	xuējiǎn	to cut down; to reduce	4—Tue
消灭	(动)	xiāomiè	to wipe out; to eliminate	9—Tue
消炎		xiāo yán	to diminish inflammation	10—Mon
协调	(动)	xiétiáo	to coordinate	8—Tue
协议	(名)	xiéyì	agreement	7—Tue
邪祟	(名)	xiésuì	evil spirit	9—Fri
携手	(动)	xiéshǒu	to join hands; to cooperate	7—Tue
写意	(名)	xiěyì	freehand brushwork in traditional Chinese painting	5—Tue
亵渎	(动)	xièdú	to blaspheme	7—Tue
辛酸	(形)	xīnsuān	bitter	6—Mon
新宠	(名)	xīnchǒng	new favorite	1—Tue
信誉	(名)	xìnyù	prestige; reputation	1—Wed
星罗棋布		xīng luó qí bù	spread all over the place	2—Tue
行医	(动)	xíngyī	to practice medicine (usually on one's own)	10—Thu
形同虚设		xíng tóng xū shè	to perform practically no function; to exist in name only; useless	12—Fri
形状	(名)	xíngzhuàng	shape	10—Thu
性能	(名)	xìngnéng	function	10—Wed
修订	(动)	xiūdìng	to revise	7—Mon
修饰语	(名)	xiūshìyǔ	modifier	6—Mon
秀丽	(形)	xiùlì	beautiful	2—Fri
虚	(形)	xū	weak; in poor health	10—Fri
许可	(动)	xǔkě	to permit	2—Thu
酗酒	(动)	xùjiǔ	to indulge in wine	7—Fri
循环	(动)	xúnhuán	recycle	4—Wed

Y

压迫	（动）	yāpò	to oppress; to repress	3—Mon
雅致	（形）	yǎzhì	elegant; refined	2—Tue
延年益寿		yán nián yì shòu	prolong life; promise longevity	10—Fri
严峻	（形）	yánjùn	severe; rigorous	4—Fri
严酷	（形）	yánkù	harsh; cruel	4—Thu
沿用	（动）	yányòng	adopt (old rules and regulations)	11—Wed
研讨会		yántǎohuì	seminar; symposium	8—Thu
验收		yànshōu	to check and accept	8—Tue
谚语	（名）	yànyǔ	proverb	9—Fri
阳	（名）	yáng	(in Chinese thought) the masculine or positive principle in nature	10—Fri
洋溢	（动）	yángyì	to brim with; to be permeated with	11—Thu
养老金	（名）	yǎnglǎojīn	living expenses that a worker receives regularly after retirement	12—Fri
养殖	（动）	yǎngzhí	to breed; to cultivate	4—Fri
摇篮	（名）	yáolán	cradle	8—Mon
摇曳	（动）	yáoyè	to flicker; to sway	8—Fri
药材	（名）	yàocái	medicinal materials; crude drugs	10—Thu
药劲儿	（名）	yàojìngr	efficacy of medicine	10—Wed
药物学	（名）	yàowùxué	materia medica; pharmacognosy	10—Thu
药性	（名）	yàoxìng	medicinal properties	10—Thu
一哄而上		yī hòng ér shàng	impulsive; unthinking	12—Tue
一如既往		yī rú jì wǎng	just as in the past; as before; as always	11—Fri
一氧化碳	（名）	yīyǎnghuàtàn	carbon monoxide	4—Tue
移民	（动）	yímín	to immigrate	3—Wed
遗产	（名）	yíchǎn	inheritance or estate; heritage	7—Wed
遗嘱	（名）	yízhǔ	a will; one's last will and testament	7—Wed
毅然	（副）	yìrán	resolutely	8—Tue
阴	（名）	yīn	(in Chinese thought) the feminine or negative principle in nature	10—Fri
阴影	（名）	yīnyǐng	shadow	7—Tue
印花税	（名）	yìnhuāshuì	stamp duty	6—Wed
应对	（动）	yìngduì	to respond	11—Mon
应急	（动）	yìngjí	to meet an urgent need; to meet a contingency	4—Tue
盈利	（动）	yínglì	to make a profit	6—Fri
营造	（动）	yíngzào	to create; to build; to construct	4—Mon
优质	（形）	yōuzhì	excellent quality	3—Wed
幽静	（形）	yōujìng	quiet and secluded	2—Tue
幽灵	（名）	yōulíng	ghost	4—Fri
幽雅	（形）	yōuyǎ	(of a place) quiet and tastefully laid out	2—Tue
尤为	（副）	yóuwéi	especially	2—Wed
油菜	（名）	yóucài	rape	10—Thu
油然而生		yóu rán ér shēng	(of a feeling) arise spontaneously	8—Tue

有碍	（动）	yǒu'ài	to obstruct	2—Wed
诱因	（名）	yòuyīn	cause	6—Thu
予以	（动）	yǔyǐ	to give; to grant	12—Wed
渔夫	（名）	yúfū	fisherman	10—Thu
逾期		yú qī	overdue	12—Thu
宇宙	（名）	yǔzhòu	universe	10—Fri
雨后春笋		yǔ hòu chūn sǔn	to spring up like mushrooms	6—Thu
预约	（动）	yùyuē	to make an appointment	7—Wed
芸薹	（名）	yúntái	brassica	10—Thu

Z

灾祸	（名）	zāihuò	calamity; catastrophe	9—Fri
载体	（名）	zàitǐ	carrier	1—Fri
载重吨		zàizhòngdūn	dead weight ton	12—Tue
灶膛	（名）	zàotáng	chamber of a kitchen range	9—Fri
曾几何时		céngjǐhéshí	once upon a time	6—Mon
诈骗	（动）	zhàpiàn	to bilk	6—Thu
榨油		zhà yóu	to extract oil	10—Thu
债务	（名）	zhàiwù	debt	6—Mon
展览	（动）	zhǎnlǎn	to exhibit; to display; to show	5—Mon
涨跌幅		zhǎng diē fú	change rate	6—Wed
涨幅	（名）	zhǎngfú	extent of price increase	6—Tue
胀	（动）	zhàng	swell, be bloated	10—Tue
折磨	（动）	zhémó	to torment	3—Wed
折射	（动）	zhéshè	to refract	2—Thu
阵地	（名）	zhèndì	position	8—Tue
阵容	（名）	zhènróng	lineup; squad	11—Wed
针灸	（名）	zhēnjiǔ	acupuncture	10—Tue
震撼	（动）	zhènhàn	to shock	5—Mon
征求	（动）	zhēngqiú	to ask for	6—Fri
征收	（动）	zhēngshōu	to levy	7—Wed
正宗	（形）	zhèngzōng	real; authentic	3—Thu
证券	（名）	zhèngquàn	financial securities	6—Wed
支撑	（动）	zhīchēng	to sustain; to carry; to hold	5—Thu
支配	（动）	zhīpèi	to dominate	3—Mon
支援	（动）	zhīyuán	to support; to assist; to help	1—Thu
知根知底		zhī gēn zhī dǐ	to know somebody's background; to know somebody thoroughly	6—Fri
指标	（名）	zhǐbiāo	index	5—Wed
指标	（名）	zhǐbiāo	indicator; quota	1—Wed
指点	（动）	zhǐdiǎn	to give directions; to show how to do something	10—Thu
制度	（名）	zhìdù	(political) system or institution	7—Thu
制造业	（名）	zhìzàoyè	manufacturing industry	12—Mon
质朴	（形）	zhìpǔ	simple and unadorned; plain	5—Tue

治理	（动）	zhìlǐ	to govern; to manage	4—Fri
致辞		zhì cí	to present a speech; to make a speech	11—Fri
窒息	（动）	zhìxī	to suffocate	4—Fri
中暑		zhòng shǔ	sunstroke	10—Mon
中央	（名）	zhōngyāng	the central authorities	9—Tue
珠算	（名）	zhūsuàn	calculation with an abacus	3—Mon
主权	（名）	zhǔquán	sovereignty	11—Thu
主宰	（动）	zhǔzǎi	to dominate	6—Mon
注明	（动）	zhùmíng	to give clear indication of	1—Wed
注入	（动）	zhùrù	to pour into	11—Fri
驻足	（动）	zhùzú	to stop	4—Mon
专科	（名）	zhuānkē	vocational school	3—Tue
转让	（动）	zhuǎnràng	to transfer the ownership of something	12—Wed
转型	（动）	zhuǎnxíng	to transform	12—Mon
转移	（动）	zhuǎnyí	to pass on	7—Wed
庄严	（形）	zhuāngyán	solemn	5—Wed
装置	（名）	zhuāngzhì	device; installation	7—Fri
壮观	（形）	zhuàngguān	magnificent	6—Thu
自理	（动）	zìlǐ	to take care of or provide for oneself	7—Wed
罪魁祸首		zuì kuí huò shǒu	chief culprit	4—Fri
坐墩	（名）	zuòdūn	pedestal	5—Fri

补充词语 Added words

B

| 保障房 | bǎozhàng fáng | security houses | 1—Fri |
| 报价 | bào jià | quoted | 6—Wed |

C

| 长江三角洲 | Chángjiāng sānjiǎozhōu | Yangtze River Delta | 12—Mon |
| 崇文馆 | Chóngwénguǎn | the name of government office in Tang dynasty | 9—Mon |

D

党政机关	dǎngzhèng jīguān	the Party and government institutions	1—Fri
跌停板	diētíngbǎn	suspension of business in case of slump of stock prices	6—Wed
多头	duōtóu	bull	6—Wed

G

股东	gǔdōng	shareholder	6—Wed
股权	gǔquán	shareholding	6—Wed
股息	gǔxī	stock dividend	6—Wed

国子监	Guózǐjiàn	Imperial Academy	9—Mon

H

弘文馆	Hóngwénguǎn	the name of government office in Tang dynasty	9—Mon
红利	hónglì	bonus	6—Wed
皇太子	huángtàizǐ	a crown prince; the Prince Imperial	9—Mon

J

交易日	jiāoyìrì	trading day	6—Wed
经济适用房	jīngjì shìyòng fáng	residence houses for low-and-medium wage earners	1—Fri

K

开盘	kāi pán	opening	6—Wed
空头	kōngtóu	short seller; bear	6—Wed

L

垃圾股	lājīgǔ	junk stock	6—Wed

M

门下省	Ménxiàshěng	Ministry of Counseling and Functionary Management of Tang Dynasty	9—Mon
民政部门	mínzhèng bùmén	civil affairs departments	7—Thu

P

旁系血亲	pángxì xuèqīn	collateral relatives by blood	7—Thu
票面价值	piàomiàn jiàzhí	nominal value	6—Wed
平仓	píngcāng	close position	6—Wed
普通股	pǔtōnggǔ	ordinary stock	6—Wed

R

热门股/绩优股	rèméngǔ/jìyōugǔ	blue chip	6—Wed
人大常委会	Réndà chángwěihuì	Standing Committee of the National People's Congress	9—Wed
人类非物质文化遗产代表作名录	rénlèi fēi wùzhì wénhuà yíchǎn dàibiǎozuò mínglù	Representative List of Human Intangible Cultural Heritage	4—Thu

S

商业股票	shāngyè gǔpiào	commercial stock	6—Wed
尚书省	Shàngshūshěng	Council of Advisors to the Throne	9—Mon
社会团体	shèhuì tuántǐ	social organization	1—Fri

事业单位	shìyè dānwèi	the public institutions	1—Fri
收购	shōugòu	takeover	6—Wed
收盘	shōu pán	closing	6—Wed

T

套牢	tàoláo	holding	6—Wed

X

熊市	xióngshì	bear market	6—Wed

Y

优先股	yōuxiānɡǔ	preference stock	6—Wed

Z

涨停板	zhǎngtíngbǎn	suspension of business in case of skyrocketing of stock prices	6—Wed
直系血亲	zhíxì xuèqīn	lineal relative by blood	7—Thu
直辖市	zhíxiáshì	directly governed city region (Beijing, Tianjin, Shanghai, and Chongqing)	7—Thu
住房公积金	zhùfáng gōngjījīn	housing accumulation fund	1—Fri
自治区	zìzhìqū	autonomous region (in China)	7—Thu

专有名词 Proper names

A

阿根廷	Āgēntíng	Republic of Argentina	11—Tue

B

白浪河	Báilànghé	a river in Weifang of Shandong province	4—Mon
保监会	Bǎojiānhuì	China Insurance Regulatory Commission (中国保险监督管理委员会的简称)	6—Fri
北京展览馆	Běijīng Zhǎnlǎnguǎn	Beijing Exhibition Center	8—Mon
本草纲目	Běncǎo gāngmù	Compendium of Materia Medica by Li Shizhen, a complete and huge medical work from the ancient times of China	10—Thu

C

财政部	Cáizhèngbù	Ministry of Finance	6—Wed
沧浪亭	Cānglàng Tíng	Garden of Surging Wave Pavilion	2—Fri
藏羚羊	zànglíngyáng	Tibetan antelope	4—Thu
曹县	Cáoxiàn	name of a county in Shandong Province	5—Fri

D

东莞	Dōngguǎn	a city in Guangdong province of China	12—Mon
杜甫	Dù Fǔ	one of the greatest poets in Tang dynasty	9—Mon
多伦多	Duōlúnduō	Toronto	1—Tue

G

哥伦比亚	Gēlúnbǐyà	Colombia	8—Fri
国家发改委	Guójiā Fāgǎiwěi	National Development and Reform Commission (中华人民共和国国家发展和改革委员会的简称)	12—Fri
国家税务总局	Guójiā Shuìwù Zǒngjú	State Administration of Taxation	6—Wed
国务院	Guówùyuàn	The State Council of the people's Republic of China (中华人民共和国国务院的简称)	12—Fri

H

黑鹳	hēiguàn	black stork	4—Mon
红花乡	HónghuāXiāng	name of a countryside in Shandong Province	5—Fri

J

加利福尼亚	Jiālìfúníyà	California	7—Fri
巨野	Jùyě	name of a county in Shandong Province	5—Fri
鄄城	Juànchéng	name of a county in Shandong Province	5—Fri

K

卡塔尔	Kǎtǎ'ěr	Qatar	11—Tue
魁北克	Kuíběikè	Quebec	1—Tue

L

李白	Lǐ Bái	one of the greatest poets in Tang dynasty	9—Mon
李世民	Lǐ Shìmín	the second emperor's name in Tang dynasty	9—Mon
李贽	Lǐ Zhì	a great thinker in Ming Dynasty	9—Tue
临沂	Línyí	name of a city in Shandong Province	5—Fri
留园	Liúyuán	Lingering Garden	2—Fri
吕不韦	Lǚ Bùwéi	the prime minister of Qin State in Warring States Period	9—Tue
洛杉矶	Luòshānjī	Los Angeles	7—Fri

M

牦牛 （名）	máoniú	yak	4—Thu
墨尔本	Mò'ěrběn	Melbourne	1—Tue

N

牛背鹭	niúběilù	cattle egret	4—Mon

| 诺基亚 | Nuòjīyà | Nokia | 4—Wed |

P

| 普华永道 | Pǔhuáyǒngdào | Price Water House Coopers | 11—Thu |

Q

| 秦始皇 | Qín Shǐhuáng | the first emperor of China | 9—Tue |
| 全国社会保障基金理事会 | Quánguó Shèhuì Bǎozhàng Jījīn Lǐshìhuì | National Council for social security fund1 | 2—Fri |

S

上海证券综合指数	Shànghǎi Zhèngquàn Zōnghé Zhǐshù	Shanghai Securities Composite Index	6—Wed
神农本草经	Shénnóng běncǎojīng	Shennong's Classic of Materia Medica	10—Thu
狮子林	Shīzilín	Lion Grove Garden	2—Fri

T

| 唐朝 | Tángcháo | the Tang Dynasty | 9—Mon |
| 唐太宗 | Tángtàizōng | the posthumous title of the second emperor in Tang Dynasty | 9—Mon |

W

| 潍坊 | Wéifāng | a city in Shandong province of China | 4—Mon |
| 伍德里奇市 | Wǔdé lǐqí shì | Wood Ridge City | 11—Fri |

X

悉尼	Xīní	Sydney	1—Tue
咸阳	Xiányáng	the capital of Qin Dynasty	9—Tue
新加坡	Xīnjiāpō	Singapore	7—Thu
新罗	Xīnluó	Silla	9—Mon

Y

| 杨家埠 | Yángjiābù | name of a city in Shandong Province | 5—Fri |

Z

中国社科院	Zhōngguó Shèkēyuàn	Chinese Academy of Social Sciences	6—Tue
中华全国总工会	Zhōnghuá Quánguó Zǒnggōnghuì	All—China Federation of Labor	12—Thu
中央军委	Zhōngyāng Jūnwěi	The Central Military Commission(是中国共产党中央军事委员会的简称)	8—Tue
拙政园	Zhuōzhèngyuán	Humble Administrator's Garden	2—Fri
棕熊（名）	zōngxióng	brown bear	4—Thu

附录二

语言点

第一周　中国的户籍制度
通常 / 2
与……大体相同 / 2
通过……方式 / 4
由……转为 / 4
拒之门外 / 7
比比皆是 / 7
相继 / 9
不单 / 10
愈加 / 10
与……挂钩 / 12
(站)在同一起跑线上 / 12

第二周　城市下的"蛋"
来 / 20
不了了之 / 20
驰名中外 / 22
世人皆知 / 23
星罗棋布 / 23
尽如人意 / 25
恰恰 / 25
苦中作乐 / 28
在……之列 / 28
提心吊胆 / 28
屡见不鲜 / 28
以……名义 / 28

第三周　关注教育不公平现象
就更不用说了 / 38
正是……将/把/让…… / 38
愈发凸显 / 40
蔚然成风 / 42
不知不觉间 / 44

既不是……也不是……是…… / 45
拦路虎 / 46
相提并论 / 46

第四周　手机也可循环利用
安营扎寨 / 53
处(属)于……阶段/时期/状态/地位 / 55
颇 / 57
节约 VS 节省 / 57
得天独厚 / 61
成群结队 / 61
……打了水漂 / 63
罪魁祸首 / 63
饱受……之苦 / 63
每况愈下 / 63

第五周　北京古玩城
可望而不可即 / 69
抱着……的态度 / 69
当之无愧 / 72
并驾齐驱 / 72
大凡 / 72
尚 / 74
浩如繁星 / 77
融……于一体 / 77
靠……为生 / 79
其乐融融 / 79

第六周　哪种投保方式适合你?
曾几何时 / 86
承前启后 / 86
正如……所说,…… / 89
一是……;二是……;三是……;…… / 89

出乎……(的)意料(的是,……)/让……意料的是…… / 93
设问句 / 96
出于……(的)需要/考虑 / 98

第七周　中国人开始接受婚前财产公证
不只是……而且…… / 105
以防 / 107
在……看来 / 107
大体上 / 110
刻不容缓 / 110
据悉 / 110
经……认证 / 113
追究……的责任 / 115
一旦 / 115

第八周　睡在板凳上的大科学家
……吸引……(的)目光 / 122
连……都/也……,更不用说…… / 125
油然而生 / 125
始料未及 / 128
此起彼伏 / 128
纷至沓来 / 128
愤愤不平 / 130
毋庸讳言 / 130
记忆犹新 / 133
冲着……(而)来(的) / 133

第九周　中国历史上的第一个皇帝
对……产生……影响 / 140
不可估量 / 140
由……掌管 / 142
被(……)誉为 / 142
为/被……所 / 145
任凭 / 145

一饮而尽 / 148
对……不利 / 148
凡是 / 151
由此 / 151

第十周　你不知道的针与灸
立竿见影 / 157
一般来说/一般说来 / 160
或多或少 / 162
日积月累 / 162
究竟 / 165
……随着……而…… / 168

第十一周　胡锦涛参观美国中西部中国企业展
受……影响 / 175
据……介绍 / 175
功亏一篑 / 177
继……后 / 178
从此……都 / 180
开创了……先例 / 180
对/就……形成/达成了……的共识 / 182
在……的背景下 / 182
在……陪同下 / 185
向……发去感谢/贺/慰问电 / 185

第十二周　东莞的未来
名不见经传 / 191
一哄而上 / 194
可乘之机 / 196
……,其(目的/原因/用意/意义/……)在于…… / 198
形同虚设 / 201
息息相关 / 201